汉字里的中华科技

戴吾三 —— 著

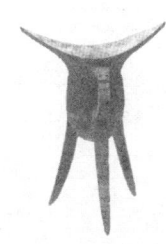

上海科技教育出版社

前言

汉字是汉语的记录符号,是世界上最古老的文字之一。

追本探源知,汉字主要起源于记事的象形图画,多是古人在龟甲、牛骨(早期也有陶器)上简约刻画的自然物之形和创制的器物之形。

深入分析还知,早期汉字蕴含了古代的科技信息:或反映古人对自然的观察和认识,或体现古代的创造发明,抑或折射古人巧妙的思维,还原出来都有一段历史的精彩和生动。

如"中",古字像带有飘带的杆子,垂直立在地面上。"立中"的作用实际相当于测日影的表,这是一种最简单、最原始的测量天文仪器。

又如"桑"字,本指桑树。中国是世界上植桑养蚕最早的国家,从所见的"桑"字形态分析,可知商代已有成片的桑林,并有低干、高干两种树型。参见青铜器上的图像,也能予以证明。而从象形"蚕"字分析,表明商代的蚕已有几个品种。再加带"女"旁的"桑"字,可想见,商代种植桑树普遍,采桑养蚕已是当时妇女从事的一项劳动。正是有这样的基础,中国古代得以发展出领先世界的丝织技术,为后来"丝绸之路"的开拓提供了条件。

分析汉字,可知许多字都有古代的器物为基础。如"耒",本是一种古老的农具,早已退出历史舞台。然而用"耒"做偏旁的一批字如今仍在经常使用,如"耕"、"耘"、"耦"等,这些从"耒"的字,其本义都与农具或农事有关。

再看"鬲",今天的常用词汇里没有它,因而许多人不知其义,更不知其形。"鬲"字象形,是一种古陶器,用于蒸煮食物,其最基本的特征是三个肥大形似布袋的足。在漫长的岁月中,由鬲发展出许多其他形态的陶器,可以说它是一个典型的"老祖宗"。鬲作为器物在春秋晚期渐趋消失,到战国时期完全绝迹,但由"鬲"衍生的字词延续具有生命力。如金融的"融";如"隔",2003年春天SARS在中国肆虐,2020年新冠肺炎在全球蔓延,"隔"和"离"(原本也是象形字)组合,成为使用频率极高的词。

本书所涉汉字里的古代科技,读者皆可用心体会,感受中华传统文化的魅力,促进对科技与文化关系的思考。

戴吾三

2021年10月

目录

农 事 / 001

农 / 手持蚌镰收割 / 003

耒 / 古老的起土工具 / 006

"杵"与"臼"/ 应用普遍的粮食加工工具 / 011

菽 / 豆生之形 / 015

麦 / 中国古代"五谷"之一 / 019

桑 / 蚕所食叶木 / 023

蚕 / 对蚕的认识和利用 / 027

糸 / 缫丝技术的副产品 / 031

盐 / 古代的煮盐技术 / 037

酉 / 古已有之的酿酒 / 042

豕 / 有猪才有家 / 046

牛 / 悠久的牛耕文明 / 050

羊 / 大吉大利的征兆 / 054

马 / 马有多少,国有多大 / 058

制 器 / 063

井 / "井"字为何写为框子形 / 065

石 / 古代的石器制作 / 070

匋 / 陶器的产生与发展 / 074

皿 / 可盛东西的饮食器具 / 078

鬲 / 古老的陶器"始祖" / 082

角 / 动物角形的饮酒器 / 087

壶 / 极富生命力的大腹容器 / 091

豆 / 此"豆"非彼"豆" / 095

灯 / 与"豆"相关的照明器具 / 100

壬 / 用途广泛的绕丝工具 / 104

专 / 捻丝工具"纺专" / 108

磬 / 用石材磨制的打击乐器 / 112

鼎 / 气象宏大的国之重器 / 117

车 / 构造讲究的双轮木车 / 123

轼 / 古车中用作扶手的木杠 / 128

舟 / 独木制成的船 / 132

帆 / 利用风力行船的篷 / 136

刀 / 从石刀发展而来的基本工具 / 141

弓 / "弓"中为何多道弯 / 146

矢 / 字形含箭镞、箭杆和箭羽的箭 / 151

戈 / 中国特有的长柄格斗兵器 / 156

我 / 一种形似三戈戟的长柄兵器 / 160

炮 / 古代远程射击武器 / 163

技 艺 / 167

火 / 影响深远的取火方法 / 169

网 / 从捕鱼工具到万物互联 / 173

金 / 初义多解的金属 / 177

铁 / 人工冶铁的兴起 / 181

镕 / 曾是重要技术创新的金属范 / 185

橐 / 古代冶炼用的鼓风器 / 189

宫 / 中国古代建筑木结构体系的形成 / 193

基 / 夯土筑墙的版筑法 / 198

瓦 / 富有特色的瓦当制作 / 202

梁 / 架在水上的桥 / 206

笔 / 毛笔制作技术的演进 / 212

墨 / 源远流长的制墨技术 / 216

册 / 竹简制作有讲究 / 221

纸 / 改变世界的造纸术 / 225

认 知 / 231

万 / 古人对数目字的认识 / 233

"数"与"算" / 以算为中心的传统数学 / 237

"尺"与"寸" / 对物体长度的度量 / 241

"斤"与"两" / 源自砍木工具和车辕的计量单位 / 245

"斗"与"升" / 借用而来的量器和计量单位 / 248

疒 / 中国最早的疾病记载 / 252

殷 / 古老的医疗砭术 / 255

砭 / 独特的医疗工具砭石 / 259

丹 / 古代丹砂的应用 / 263

旦 / 对日出的形象描绘 / 268

中 / 一种最古老的天文仪器 / 272

虹 / 从观察到解释 / 276

机 / 有轴可动的杠杆 / 280

和 / 中国古代"和"的技术观 / 284

参考文献 / 289

图片来源 / 292

农 事

农

手持蚌镰收割

"农"在中国是一个重要话题。中国古代是一个农业社会,今天也是一个农业大国,中国人口中的很大比例是农民,农民中的绝大多数人生活在农村。"农"和我们古老的民族息息相关,几乎跟每个人都有直接或间接的联系。

"农"字是怎么来的?它与"辰"有什么关系?

"农"的繁体为"農",古字形如下:

甲骨文　　　　　金文

有学者认为,甲骨文"农"像手持蚌镰收割之形。

中国是世界上农业出现最早的地区之一。中国的地理环境和气候条件适于发展农业,勤劳、智慧的祖先在这块古老的土地上创造了早期农业的成就。

农业活动的范围很广,就狭义的农业种植来说,就涉及开垦、种植、收割、加工等多项内容。不同的阶段需要不同的农具,以满足不同要求。

收获季节需要刀、镰等农具,收割的不只是农作物,牧草、苇类植物也要通过收割获取。考古发现,在距今七八千年的新石器时代遗址中,刀有石刀、蚌刀、陶刀,镰有石镰、蚌镰等。

蚌属有几个种在中国分布较广。丽蚌的壳质厚实、坚硬,壳长约10厘米,外形椭圆,加工后很适合做刀、做镰。

按古老的字典《说文解字》解释:"蚌,蜃属。"蜃从辰从虫。

甲骨文"辰"字

著名史学家郭沫若提出这样的观点:"辰与蜃在古当系一字。蜃字从虫,例当后起。"他进一步解释:"余以为辰实古之耕器,其作贝壳形者,盖蜃器也。《淮南子·氾论训》曰:'古者剡耜而耕,摩蜃而耨。'其作磬折形者,则为石器。《本草纲目》言:'南方藤州垦田,以石为刀。'此事古人习用之……要之,辰本耕器,故农、辱、蓐、耨,诸字均从辰。星之名辰者,盖星象于农事大有攸关,古人多以耕器表

彰之。"（引自郭沫若：《甲骨文字研究》，载《郭沫若全集·考古编》第一卷，科学出版社，2002年，第204~205页）

郭老先生的说法精妙。当然，也有学者不同意他的观点，认为他把直角说成像山崖之形，这种理由有些牵强。

商代蚌镰

郭沫若文中提到"薅"，像手持蚌（蜃）镰割草形，是"薅"的本字。"薅"，用手拔草的意思。出土文物中有称作"耨"的青铜农具，呈片状，刃部较宽，这种农具用于除草，就被认为是在蚌镰或石镰的基础上发展而来的。

甲骨文"薅"字

"農"的本义很清楚，但字形结构显得复杂了，后来人们根据草书的近似写法将它改为简化的"农"。书写是方便了，但却再也不能让人从字形上产生任何联想。

耒
古老的起土工具

"耒"是一种古老的农耕工具,早已退出历史舞台。"耒"字除了读古书会遇到,现在很少使用。然而,用"耒"做偏旁的字有一批,我们也经常使用,如"耕"、"耘"、"耙"、"耦"等。

"耒"的古字形如下:

    金文   篆文

从金文字形看,"耒"是一种带有两个叉的木棒,当起土工具用。耒最早也有单尖形,单尖耒的尖头演变成扁平的板状,就成为"耜"。

大约一万年前,先民逐渐由采集和狩猎的生活转向以农业种植为主的定居生活。农耕需要工具,最早使用的耕地农具非常简易,就是一根头上削尖的木棒,民族学中称为"点种棒",其形状如"丨"。

后来,先民为了加强掘土的力量,在尖棒的下端绑上一根横木,便于脚踏。为了减少掘土时的弯腰,先民进一步将木棒的直尖改为斜尖,这就成为单尖木耒,甲骨文有它的图形,后就作"力"字。以"力"从"田"(即致力于农田耕作),又成为"男"的初始字形。

甲骨文"力"字　　　　　甲骨文"男"字

为了增加掘土效率,先民进一步将耒的单尖改为双尖,这就叫双齿耒。

耒是木制的,不易保存,因而考古中极少发现木制耒的实物。在河南陕县庙底沟和陕西临潼姜寨等新石器时代遗址中,发现过使用双齿耒挖土后留下的痕迹,证明原始农耕中确实使用过这种农具。虽然见不到实物,但是通过后代的文物和民族学资料,可大致了解古代耒的形状,如山东武梁祠石刻神农执耒图中刻画的就是双尖木耒;云南贡山独龙族使用的双尖木耒利用树丫制成,推测最早的木耒也应是这样制作的。

单尖耒的尖头发展为扁平的板状,就成为"耜",形状与今天的铲相似,起土功效比耒大。耜在新石器时代已出现,这一时期遗址

神农执耒图

发现较多的耜,是用石片打制再加以磨制而成的。器身多扁平,刃部呈圆弧或尖锐状,便于入地翻土。耜也用骨、木材料制作,在浙江河姆渡遗址发现两百多件骨耜,这成为河姆渡遗址区别于其他同时期文化遗址的一大特色。骨耜用偶蹄类哺乳动物,如水牛、水鹿等的肩胛骨制成,肩部挖有一个方孔,可穿过绳子绑住木柄。骨耜的中部磨有一道凹槽以安装木柄,槽两边开有两个孔,穿过绳子正好绑住木柄的末端,这样安装木柄非常牢固,使用起来不会松脱。骨耜使用过一段时间,刃部中间被磨得凹进,形成开叉状,有点像双齿耒,其实不是。

周代时耜已是重要的农具。《诗经》中有许多诗篇描写到耜,如:《周颂·良耜》,"畟畟良耜,俶载南亩";《周颂·载芟》,"有略其耜,俶载南亩";《豳风·七月》,"三之日于耜,四之日举趾"。这表明到西周时期,耜的使用广泛而普遍,已是耦耕中的主要农具。

农史专家认为,中国农业有自己的发展形态,最早的耕地农具就是耒和耜,古代农业的早期形态可以称作"耜耕农业"。

"耒""耜"都与农耕有关,后来两字合用,也泛指农具。唐末著

河姆渡遗址出土的骨耜及使用示意图

名诗人陆龟蒙撰有《耒耜经》一书,开篇即说:"耒耜,农书之言也。民之习,通谓之犁。"陆氏解释"耒耜",说这是农书中的用语,是"学名"。到唐代时,可知农民已习惯把"耒耜"叫做"犁",这个用名沿用下来。

翻检词典,可知从"耒"的一批字,其字义都与古代农具或耕作行为有关。如"耧"是一种用于播种的农具,也叫"耧车"、"耧犁",有独脚、两脚、三脚之分。三脚耧最早由西汉农学家赵过发明,这种耧下有三个开沟器,播种时,用一头牛拉着耧前行,耧脚在平整好的土地上开沟播种,同时进行覆盖和镇压,一举数得,省时省力,

汉代耧车复原模型

效率很高。又如"耙",是用于碎土和平地的农具,按使用部分不同,分齿耙、无齿耙、圆盘耙等。另外耙也指扒翻谷物及聚散柴草等的农具(这种用法时,音读爬),如木齿耙、竹齿耙。你也许没见过耙的实物,而说到《西游记》中猪八戒用的九齿钉耙,说他"倒打一耙",一定会唤起你的印象吧。

"杵"与"臼"

应用普遍的粮食加工工具

"杵臼"今天几乎不见,故许多人不知它为何物。而在两千多年前,"杵臼"应用非常普遍,它是先民用于粮食加工的基本工具。

"杵"是形声字,文字研究者认为,"午"本是"杵臼"之"杵"的原形。

甲骨文　　　　　金文

从甲骨文刻画看,"午"就像木杵之形。

"臼"的古文(战国陶文、石刻):

古文像臼的剖视图形。"臼"中有齿形,有学者认为这表示臼里面粗糙不平，也有学者认为表示的是要舂的米。

人类最初进入农业社会，为了将采集到的谷物脱皮、碾碎，花费了不少气力。开始是用手搓磨，后来想到用石块，逐步地制成了石盘和碾棒。在石盘和碾棒的基础上，又产生了杵和臼。

简单的臼，就是在地上凿成一个凹槽。先秦古书《周易·系辞下》说："断木为杵，掘地为臼"，说的就是在地上挖成臼（臼里当然要铺一层硬实的东西）。后来臼又改进，用石头或木头制作。杵是一根粗壮的木棒，下端削成椭圆形。把带壳的谷子放入臼里，双手持杵往下捣，这个动作叫"舂"。连续舂多次，最后加以吹簸，就可以得到净米。

甲骨文"舂"字，像双手执杵在臼中舂谷之形

杵臼是谁发明的？是哪个年代发明的？这在古书中记载都不一致，有说是黄帝发明的，有说是黄帝手下的大臣发明的。实际真正的发明者可能就是普通的老百姓。从出土文物知，杵臼使用至少已有四千多年的历史。古诗文中常有描写使用杵臼的情形，如古老的《诗经》写道："诞我祀如何？或舂或揄，或簸或蹂。释之叟叟，烝之浮浮。"意思是说，要问祭神怎么祭，有人忙舂米，有人忙舀米；有人舂二道，有人簸糠皮，响叟叟是淘米，热气腾腾是蒸饭。诗

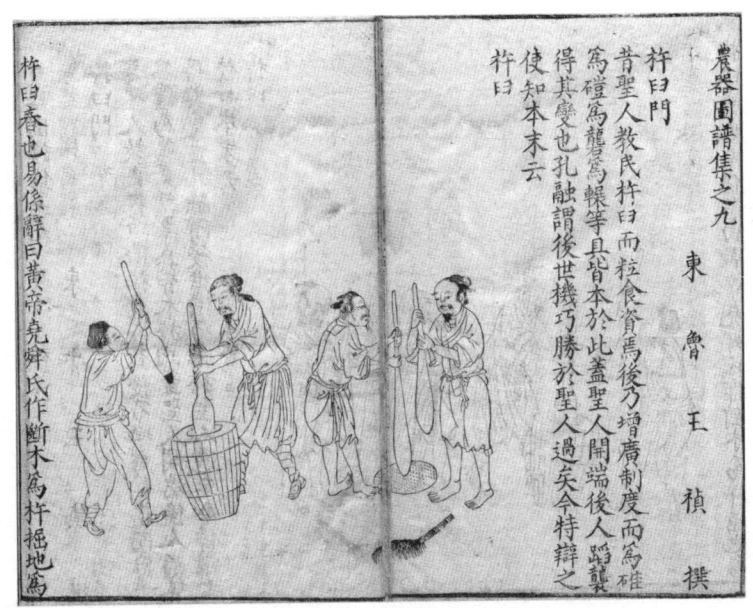

元代王祯《农书·农器图谱》中的杵臼

歌展现了一幅热气腾腾的生活画面,也表明了商周时期杵臼应用的普遍性。

后来古人在杵臼的基础上又发展起碓,就是用柱子架起一根木杠,杠的临臼一端装一块圆形石头或木头,用脚连续踏另一端,石头就随之起落,连续舂米。碓的原形就是杵臼。碓,先是用人力,后来发展为用水力,水碓是一种功效高、省力的舂米机械。由于构造简单,借水就势,工作可靠,直到20世纪末,水碓在中国南方不少农村地区仍有应用。

古代用杵臼舂米是个体力活,从业的多是普通劳动者,后人便

明代《天工开物》中的碓和水碓

家用蒜臼,是一个小型杵臼

用"杵臼之交"来比喻不计身份尊贵差别而结交的朋友,故事见《后汉书·吴祐传》:"公沙穆来游太学,无资粮,乃变服客佣,为(吴)祐赁舂。祐与语,大惊,遂共定交于杵臼之间。""杵臼之交"由此而出,也简称为"杵臼交"。

菽
豆生之形

"菽"在古代是一个常用字,如今却已少用。初看"菽"可能感到陌生,而一语道破"菽"就是"大豆",你会发现"菽"原来是我们非常熟悉的一种农作物。

古代为什么把大豆叫"菽"?什么时候它的字、音发生了演变?

说来"菽"是个后起字,最早的字形是"尗",像豆生之形。也作"叔",金文字形如下:

有学者说,金文"叔"字像是用手在采摘豆荚,左边下面的三点是表示大豆根部长着的根瘤。

菽,古称大豆,古字为"尗"(音读梳)。按东汉许慎《说文解字》的解释:"尗,豆也。象尗豆生之形也。"清代朱骏声《说文通训定声》说:"古谓之尗,汉谓之豆。今字作菽。"

汉代以后,因"尗"为"叔伯"的"叔"所专用,故又造加草字头的"菽",以为豆类植物之称。再后来,"豆"(本来是指古代的器物,参见本书《豆——此"豆"非彼"豆"》一文)被借用作豆科植物之称,人们逐渐习惯说"豆",而"菽"慢慢就被冷落了。

说起大豆,它原产于中国,现今世界各国的大豆都是直接或间接从中国传去的,国外对大豆的称呼,几乎还都保留了中国大豆的古名——"菽"的语音。例如,拉丁文称大豆为 soja,英文称 soy,法文称 soya,德文称 soja。

野生大豆在中国有广泛的分布,生长得繁茂的地方如黄河中游两岸,至今还有采集供食用和饲料用的。

据《诗经·大雅·生民》记载,周族的祖先弃,幼小时就好种庄稼,会种大豆,后来被帝尧封为农师,成为后稷,诗中唱道:"厥初生民,时维姜嫄。……载生载育,时维后稷。……艺之荏菽(大豆),荏菽旆旆。"说的就是周族祖先后稷种大豆的故事。诗中的"荏菽"即"戎菽",见《毛传》:"荏菽,戎菽也。""艺"本义是"种植","艺之荏菽",即指种植、栽培大豆。这个故事也见于《史记·周本纪》的记载:"弃为儿时,屹如巨人之志。其游戏,好种树麻、菽,麻、菽美。及为成人,遂好耕农,相地之宜,宜谷者稼穑焉,民皆法则之。帝尧

野生大豆

闻之,举弃为农师,天下得其利。"文中所说的弃,即《诗经》中的后稷。如果这个传说可信,则在距今四千多年的帝尧时代,我国已经栽培大豆了。

栽培大豆与野生大豆相比,种子变大,种子中的油分增加,植株从蔓生变为直立,株型也变大。逐步地,大豆成为古人的"五谷"之一,既是食粮,也是丰富的营养品。

关于栽培大豆在中国的起源地,有学者根据中国从南到北均有野生大豆分布,提出"多起源地"的观点。但是,有野生大豆的地方,并不一定都能成为栽培大豆的起源地。这是因为,野生大豆只有经过人工的栽培驯化过程才能成为栽培大豆。故不少学者认为,从文献学研究和目前的考古发现来看,栽培大豆应起源于中国的北方地区。(参见郭文韬:《试论中国栽培大豆起源问题》,《自然科学史研究》1996年第4期)

大豆在营养上的特点是富含蛋白质(达30%以上),氨基酸的组成优异。中国人历来以黍、粟、稻、麦为食粮,都是以淀粉为主的食品,蛋白质依靠大豆的补充,才保证了人体的全面发展和健康。从这点看,大豆对于中华民族的发展起了难以估量的作用。

麦
中国古代"五谷"之一

麦(包括大麦、小麦、燕麦等)是中国人的主要食物之一,麦作文化是中国北方农业区的鲜明特色。

"麦",繁体写作"麥",字结构中有一个"來"(简体为"来"),这成为区别禾谷类作物的文字表达的重要特征。

"麦"的古字形如下:

甲骨文　　　　　　　　金文

中国早期禾谷类作物在汉字中都从禾旁,如黍、稷、稻等,唯麦字从来,"来"的古字形如下:

甲骨文"来"字　　　　　金文"来"字

古文字学者认为,甲骨文"来"是麦的象形,有下垂的叶子,穗直挺,似强调其芒,这是代表小麦的原字,为名词。

麦是中国古代"五谷"之一,古籍中所记载的麦大都包括小麦和大麦。根据农史专家的研究,麦类在黄河流域中下游的种植要比粟、黍晚,也比水稻晚,很可能是后来引进的。

中国迄今发现的最早的麦作遗存在新疆。距今3800年的孔雀河畔古墓沟墓群中有小麦随葬,十多粒至一百多粒不等,专家初步鉴定为普通小麦和圆锥小麦。结合古文献研究,可知麦类很早已为中国西北地区的少数民族所栽培。如成书于战国时代的《穆天子传》记述周穆王西游时,新疆青海一带部落所馈赠的食品,往往是牛、羊、马与穄、麦并提。《汉书·赵充国传》和《后汉书·西羌传》也都提到羌族种麦。西亚是国际史学界公认的小麦原产地,故小麦很可能是通过新疆、河湟这一途径传进中原地区的。(参见梁家勉主编:《中国农业科学技术史稿》,农业出版

大麦

社,1989年)文献记载表明,古代大量推广种植小麦是在春秋时期。

大麦的原产地以往国际上认为是西亚。近年来中国科学工作者在青藏高原发现野生二棱大麦、野生六棱大麦和中间型野生大麦,并通过实验证明野生二棱大麦是栽培大麦的野生祖先。因此中国西南地区很可能是大麦的起源地或起源地之一。《新唐书·吐蕃传》记载古代藏族"其四时,以麦熟为岁首"。这与中原地区华夏族以当地原产的禾(粟)熟为一年(甲骨文中的"年"字为人负禾的形象)异曲同工。这种纪年法的出现当在天文历形成以前,而用以纪年的作物的栽培又应在这种纪年法形成以前。这表明大麦很可能是藏族先民最早种植的作物之一。《诗经·周颂·思文》说:"贻我来牟,帝命率育。""来"是小麦,"牟"是大麦。所谓"贻我来牟",说明大麦(牟)和小麦(来)一样是从少数民族地区引进中原地区的。

说到文字演变,很有意思。名词的"来"("麥"的本字)后来引申出动词"行来"的"来",不过字形是在名词"来"之下加一只脚

小麦加工成面粉,做成馒头,这是中国北方人的主食

"夂"而写作"麥",以表示是动词行来的意思。岂料历史发展中文字分配颠倒了:"来"成了动词,而加"夂"的"麥"反而成了名词。久而久之,人们也就习惯了。

还有个小故事很有意思。"面"和"麵"是两个不同的字,"面"指脸部,"麵"指麦子磨成的面粉。因两字同音,所以近代民众用"面"代替"麵",在商店中常使用。后来中国大陆实行简化字,"麵"就简化为"面",时间长了也不觉得有什么不妥。而台湾地区仍用繁体字,许多老者严格区分"面"与"麵"字。待两岸民间可以往来,台湾一老人回大陆探亲,有亲友邀他去吃有特色的"削面"。仅是听发音无所谓,一见面馆的招牌,这位老人顿生怒气,因为那是"削脸",是关乎脸面的事,岂可开得玩笑!

小故事当笑话讲,笑过之后促人思索。

桑

蚕所食叶木

桑,指桑树。中国是世界上植桑养蚕最早的国家,商代时采桑已是妇女的重要活动。甲骨文、金文中有"桑"的字形。

桑(还有蚕字)主要出现于殷墟卜辞中,是有关祈祷农业和桑蚕业来年丰收的祭祀记录,同时也透露出有关古人采桑养蚕活动的信息。

桑,落叶小乔木或灌木,在我国南北方均有分布。桑叶饲蚕,桑木坚实、细密,可制器具,桑葚可食用、酿酒。

古老的字典《说文解字》说:"桑,蚕所食叶木。从叒、木。"又说:"叒,日初出东方汤谷,所登榑桑,叒木也。象形。凡叒之属皆从叒。"近代,著名学者闻一多首先对桑字作了解释,他说:"桑字,

意味着桑木。"(见闻一多《释桑》一文)

甲骨文中出现的"桑"字有二十多处,其形有不同,归纳起来可分两类:

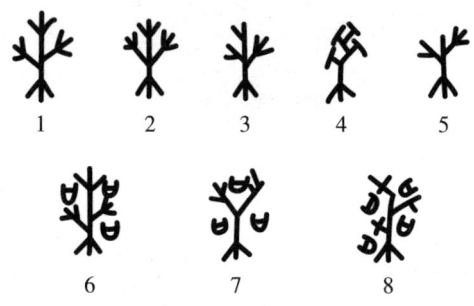

甲骨文"桑"字(6~8口字形的刻画,像是采桑筐)

从形态分析,甲骨文"桑"字1~5,是指一种树干很短,分枝很多,可能是属于低矮分枝多的养成形式,相当于今天的低干桑,又称地桑。甲骨文"桑"字6~8,是属于树干高大、上有两个主分枝的高干桑,又称树桑。这两种桑树形态,均可从出土的战国青铜器物上的采桑图案得到印证。地桑如图(1)所示,是河南辉县琉璃阁出土的青铜壶盖上的采桑图,图中的妇女左手提桑笼,右手采摘桑叶,桑树和妇女同一高度,可见这是低矮的地桑。图(2)是北京故宫博物院收藏的战国时期青铜钫上的图案,其中的采桑女形象和手执桑笼的姿态与图(1)完全相同。

甲骨文"桑"字6~8是属于树干高大的树桑,战国出土器物上所见的采桑图案如图(3)、图(4)所示。从图中可看到,树干有两个主

(1)采桑图(河南辉县出土青铜壶盖)

(2)采桑图(故宫博物院藏青铜钫)

(3)采桑射猎图(故宫博物院藏青铜壶)

(4)采桑射猎图(故宫博物院藏青铜钫)

要分杈,采桑女要爬上树,坐在两个分杈处或主枝上采桑。有的桑筐挂在树枝上,有的桑筐在下。采桑女有的在树下提着桑筐,有的像接取桑叶的样子。再对照甲骨文"桑"字1~5,只见桑树,不见桑筐。"桑"字6~8在桑树枝条间挂有桑筐,有的桑筐放在地上或由采桑女提着。有的采桑女在桑林里手舞足蹈,好似在欢庆桑蚕丰收。由此,从甲骨文中所见的桑字形态分析,可知殷商时已有成片的桑林,并有低干和高干两种树型。(参见高汉玉:《中国桑蚕丝帛起源的探讨》,载《亚洲文明论丛》,四川人民出版社,1986年)

甲骨文中还见带女字旁的"桑"字,这些桑字反映出采桑是妇女从事的劳动。可以想见,商代种植桑树普遍,采桑养蚕已是妇女的活动。正是有这样的基础,中国古代才发展出丝织技术,在古代世界中居于领先地位。

蚕
对蚕的认识和利用

桑蚕，或习称蚕，起源于中国，由古代栖息于桑树的原始蚕驯化而来。商周时期，蚕至少已有三个品种，甲骨文的刻画反映了古人对蚕体的认识。

中国古代的养蚕业推动了丝织业的发展，反之，丝织业也推动着养蚕技术的提高。由文献记载知，春秋战国时期，古人对蚕的养育管理已形成一整套的措施。

人类最初从桑林中采集原始野生蚕茧取丝利用，随着人类定居生活和对蚕丝用途的了解而开始在室内养蚕。经过长期的培育和选择，野生蚕逐渐被驯化成为具有经济性状的桑蚕种。

在中国古代，对蚕的认识和利用要比世界上的其他地区早得多。在浙江河姆渡遗址中出土一件牙雕器,起初定名为盅,经专家反复研究,后来易名为"杖饰"。在这件杖饰器上刻有四条形态逼真的蚕纹,好像蚕在慢慢地蜿蜒蠕动,蚕的头部和身上的横节纹历历在目。耐人寻味的是,器表上还刻有丝织物模样的几何形图案。从蚕纹作为装饰图案来看,早在七千年前,蚕已为先民所认识。

河姆渡遗址出土的牙雕蚕纹杖饰

随着蚕丝的利用,古人为了展现蚕对衣织物的功绩,就用玉、陶、骨等材料做成蚕形物,或把蚕纹刻画下来作装饰,以示一种崇敬。商代青铜器上常见蚕纹饰于器物的足部、口部或腹部。从这些蚕纹形状看,蚕头圆而眼突出,身体屈曲,作蠕动状。

分析甲骨文的"蚕"字,还可以得出一些有意思的信息。

纺织史专家高汉玉认为,甲骨文"蚕"字1、2、3的头部有斑状纹的形象,这与今天江浙太湖地区普通蚕种的眼状斑纹一致。"蚕"字4和"蚕"字5,在"蚕"象形字的背部有"×"纹。根据日本学者研究,

蚕

这是蚕的原种之一,如中国种的汉口楮蚕种的斑纹。"蚕"字6和"蚕"字7的象形字的背部有"∧"纹,如中国种的大安桥蚕种的斑纹。古文字学家胡厚宣根据甲骨文所示卜辞内容认为:"蚕"字是殷武丁时代祭祀农作物的,"蚕"字7是殷祖庚、祖甲时代用三牛祭祀蚕神的记载。卜辞原文是:"贞元示五牛,蚕示三牛,十三月。"文中的"元示"即祭殷祖上甲微,"蚕示"即祭祀"蚕神"。从"蚕"字的斑纹来看,我国殷商时代至少已有三个不同类型的桑蚕品种。

甲骨文中的"蚕"字。图形中的刻画符号表示蚕的环节和各种斑纹,表明古人对蚕的观察深入细致,对蚕的描绘非常形象

甲骨卜辞中有呼人省察蚕事的记载,占卜有九次之多,可见养蚕业在商代已是非常重要的一种活动,是农业生产的组成部分。

根据文献知道,到春秋战国时期,中国的养蚕技术已很发达。

《礼记》记载,当时已建造有专门的蚕室,有成套的蚕具设施,每年到了春三月养蚕季节,朝廷下令禁止砍伐桑树,还要蚕农必须把蚕架、蚕箔、采桑筐等蚕具准备好。养蚕也有浴种消毒的措施,母蛾产卵后,蚕种表面附有的鳞毛蛾屎等污秽之物往往是病菌藏匿之处,所以卵育蚕种前必须认真浴种,消毒防病。

中国很早开始植桑养蚕,促使丝织业发展和丝织技术不断提高,有了这样的基础,到汉代时商贸繁荣促进了"丝绸之路"形成,成为后世流传的佳话。

糸

缫丝技术的副产品

"糸"(音读密),指细丝,古时也为"絲"的省写。"糸"今简写为"纟",作偏旁。翻检字典,可见有很多以"纟"为偏旁的字,其中多数都与丝织品的名称或动作行为有关,也有些字是指丝织品染成的颜色。古代养蚕为丝织所用,在长期的实践中先民学会抽丝剥茧,发展起缫丝和织作技术。

"糸"的古字形如下:

甲骨文　　　　　金文

"糸"的古字形像一束丝。

丝从蚕出。蚕丝是一种柔软、光滑、弹性好、品质优良的纺织原料。裹在一枚蚕茧外的丝，可以长达800～1000米。显微镜下观察，蚕丝的断面略呈三角形，主要成分是丝素和丝胶。丝素是略呈透明状的纤维，是茧丝的本体，不溶于水。丝胶是包裹在丝素之外的、带黏性的物质，只有在一定温度的水中，丝胶溶解，蚕丝纤维才会分离。历史上，从看见蚕吐丝作茧，到人工抽丝剥茧，经历了一个长期的过程。

根据纺织史专家的研究，最初发现蚕茧可以抽丝，有多种可能。一种可能是，先民发现雨水长时间浸泡过的蚕茧，用手指或树枝一搅拨，就会拉出丝来，这根丝越牵越长，得到一根又亮又细连续不断的蚕丝。于是便想到人为地用水浸泡，使茧壳松软，原来的丝纤维间黏附的丝胶得到解舒，丝就容易抽出来。不过用凉水浸茧，时间长，产量低。通过不断地摸索，先民发现夏天水温高，浸茧时间短，容易抽丝。于是就用热水来煮茧，促使茧层加速软化，脱去丝胶。在丝绪浮起后，再缫取丝绪，这就是最早的缫丝技术。至于何时开始用热水缫丝，已很难考证。不过，在商代甲骨文中透露出有关的信息。

从这些字形看出，下部或一侧的弧形像是缫丝的锅子，点画是

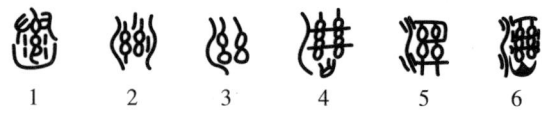

甲骨文中有关缫丝锅的信息

水的象形。图中1很明显是手持丝的形象。

缫丝的"缫"字出现较晚。《说文解字》中有"缫"字,但与"缫"解释不同。

蚕茧的丝纤很细,只有20～30微米,难以单根使用,所以缫丝时要集绪、绕丝,就是把若干个茧的丝绞合在一起,形成一根生丝。有些甲骨文字形(见下图)和"缫"字的篆体比较相似,有学者认为"缫"字即是甲骨文演化来的。

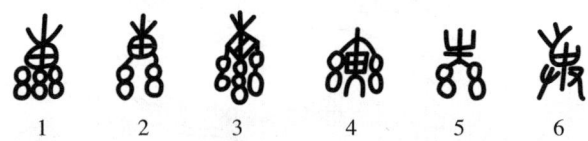

缫丝的工艺技术在殷商时代已经完善。缫丝是丝织前的关键工序,商周时设立"上丝"的专门官职来管理缫丝的产量和质量,在《周礼》中记载有"典丝"的职官负责蚕丝的生产、质量管理和丝帛的税收,还专门颁布了"禁原蚕"的法令,要民间饲养好的蚕种,结成良好的蚕茧,以保证蚕丝的质量。

古代的缫丝开始是手工,后来逐渐利用机械操作。在明代《天工开物》中绘有缫车缫丝图。当茧在锅内滚沸时,用竹签拨动水面,绪丝自会出现,用手牵住绪丝引入竹针眼,先绕过"星丁头"(用竹棍做成的导丝滑轮),然后将丝挂在送丝竿上,再接到"大关车"(脚踏转动的绕丝部件)上。

古代缫丝技术为丝织提供基础,在促进丝织业发展的同时,也造就了一批与"糹"相关的字。

《天工开物》所载治丝图（缫车缫丝）

从"糸"的字（作偏旁时，在左边简写成"纟"），其记写的字义大都同丝有关，可归为几类。

1. 表示丝的类别及丝自身组成部分的名称。例如：

丝，繁体作"絲"，从二纟。本义为蚕丝。唐李商隐的名句"春蚕到死丝方尽，蜡炬成灰泪始干"就是用的丝的本义。"丝"也引申为丝织品，引申为弦乐器。"丝"还用以比喻事物的细微，如成语"一丝不苟"、"一丝一毫"。

纯，本义为丝。又特指同一颜色的丝织品。后泛指凡物同一种颜色，进而引申指纯粹、不含杂质。

绪，本义是丝端、丝头。引申为头绪、开端，成语有"千头万绪"。也指心情、情绪。

2. 表示绳带的类别。例如：

组，本义是宽而薄的丝带。引申为编织。

经，本义为织布的纵线，也指原始的织机。引申指南北方向的道路，还引申指气血运行的主干，即经脉、经络。后引申为经书，即古代尊为典范的著作，多指儒家经典。经，用为动词，指经过、经历等。用"经"组合的"经济"，是我们今天非常熟用的词。

缕，本义是丝线。引申指线状物，成语有"千丝万缕"。引申为逐条地、细致地，如成语"条分缕析"。

纲，本义为提纲的总绳。引申为起决定作用的部分。成语有"纲举目张"。

3. 表示丝织品的类别。例如：

素，本义为未加染色的丝绸。引申为白色的。还引申指不加修饰的。

绢，本义为丝织物品的通称。由于古人常在绢上题诗作画或作其他装饰，故以绢指称书画或装潢等物。

绮，本义为平纹底起花的丝织品。引申为华丽、美盛，有"绮丽"一词。

综，本义为织布机上使经线上下交错以受纬线的一种装置（音读纵），引申为聚合、集合。"综合"是当今使用比较频繁的词。

绘，本义为彩绣。引申为绘画、描写。成语有"绘声绘色"、"绘声绘影"。

4. 表示与丝织品有关的动作行为。例如：

织，本义为用经纬交叉的方法将纱或线制成绸、布等织物。引申指用相互交错、勾连的方法编制物品。

约，本义为捆缚、套。引申为约束、节制，后引申为订约、约定。"约"还生出简明、简要的意思。

绝，本义为将丝、绳弄断，后泛指物品断开，引申为人事的断绝。还引申为气息中止，即断气。

续，本义为连接。引申为动作的接连不断。也指继承。

5. 表示颜色的类别。例如：

红，本义为粉红色，又指火、血等的颜色。后引申为花的代称。

绯，本义为红色。

绿，本义为青中带黄的颜色。有时也专指绿叶，见李清照《如梦令》："知否？知否？应是绿肥红瘦。"

盐

古代的煮盐技术

盐之于人不可缺,对人类的发展意义重大。至于人类为何离不开盐,这是生物进化要探讨的问题。

"盐",繁体写作"鹽",从字形结构分析,是由"卤"(盐粒)、"目"(眼睛)和"皿"(器皿)三部分组成。表露的信息是,人眼在注视着器皿中结晶的盐。

"卤"的金文 像结晶的盐形。

繁体字"鹽",字形组合的意义是,人眼在注视着器皿中结晶的盐,这种结晶盐通过煮咸水得来。古代制盐方式有多种,煮盐是先秦时代发展起来的一项重要技术。

古老的字典《说文解字》释义:"盐,咸也。从卤监声。古者,宿沙初作煮海盐。"清代学者段玉裁注解："盐，卤也。天生曰卤，人生曰盐。"

"卤"，也写作"滷"，古代字典《玉篇》释为"咸水"。"卤"是含盐分很高的水，盐碱地所生的自然盐粒、海水干涸形成的盐、岩盐也称"卤"，即所说的"天生曰卤"。

食盐是人类生存、生长所必需的营养品。昔日人类处于狩猎采集生活阶段，盐分主要是从禽兽血肉中汲取。当人类开始从事农业，食物转为以谷物为主时，就要到自然界去寻找新的食盐来源。海盐、池盐便逐渐进入先民的生活。

"盐"的古体很像器皿中有结晶盐粒，由此透露出古人煮咸水（海水、湖水或井水）得盐的信息。先秦古籍《世本·作篇》记载，在山东沿海地区古有"夙沙氏煮海为盐"。《吕氏春秋·用民》："夙沙之民，自攻其君，而归神农。"宿沙氏与传说中的神农为同时代的人物。由此可知，远在五千多年前，临海居住的古人已经发展起煮海为盐的技术。

煮盐说说简单，古代用什么器物煮呢？要知道五千多年前没有金属锅，当时炼铜、冶铁技术尚未出现，煮盐只能用陶制器。可见古人制作陶器派上多种用途，不只是盛放东西。商周时代，青铜铸造技术成熟，制作青铜器用来煮盐不成问题。然而参照青铜农具的使用情况，可知以较昂贵的青铜制作煮盐器的做法还不能推广，所以当时使用的煮盐用具主要还是陶器。甚至进入春秋战国时期，由于陶器制作相对简便，价格低廉，陶器煮盐仍占了相当大的比重。

煮盐的陶器是怎样的呢？史书中没有记载，只能作一些推测。20世纪50年代山东省进行全省范围的文物普查，在滨海地区多个县内普遍发现了大量的盔形陶器，器形大小不同，与中原地区多用作炼铜工具的盔形陶器也不全同。考古学者分析，大型的盔形陶器不是炼铜工具或炊饭用具。因为滨海县份没有条件炼铜，倒是有条件以海水煮盐。古代齐国曾大规模地"煮海为盐"，普查中盔形陶器的发现如此普遍，分布地区又这样广大，因而专家推测它应

《开工开物》所载井火煮盐图。井盐生产集中的四川地区也是我国主要的天然气产地，早在两千多年前，我们祖先就已经开始利用天然气煮盐

该是煮盐器。这种推测后来证实是有道理的。如在四川的井盐产区，近代还使用一种小盅锅，形如尖底碓窝，又似火炮的炮弹，高约1尺6寸，口径8寸，底部逐渐收小，每锅可盛卤水30～40斤，成盐后成盅形。

对煮盐一事的分析说明，今天看来十分简单、几乎不值一提的事，放在古代就是大事。

煮盐之法比较简便。由史书记载可知，自姜太公至齐桓公，古代齐国的制盐技术都多以一个"煮"字概之。如《管子·轻重甲》记载："今齐有渠展之盐，请君伐菹薪，煮沸火为盐。"又说："孟春既至，农事且起。……北海之众，无得聚庸而煮盐。"可知，当时有专事煮盐的人家，也有富豪雇人煮盐的。

煮盐费火费工，产量不高，但质量很好。从《周礼》记载中可知周代的盐分多种，有形盐、散盐、饴盐等，来自不同的地区，各有不同用途。

汉代时四川一带井盐生产发达。早期史书文字记载有限，但出土的汉画像砖留下了宝贵的资料，从当时的井盐生产图可见，在群山环抱中的左边有一盐井，井上有木架，有人正在架上吸取卤水。井的右边是一座灶，灶上置有锅数口。从井中吸取的卤水，通过一根管道输送到锅中，灶下一人正在烧火。山坡之上有人背柴走来，当是为盐灶送木柴燃料。画像石生动地描绘了汉代井盐的生产情况。

汉画像砖井盐生产（1956年邮票）

随着古代经济社会发展，唐宋时兴起利用海水晒盐，煮盐才渐渐停止不用。

酉
古已有之的酿酒

酒,为人们所熟悉。喜庆,举杯畅饮;苦闷,借"杯中物"浇愁。

说来酒的历史很长,可追溯到七八千年前甚至更远。古代东方、西方人都饮酒,且都不乏豪饮、酗酒的故事,这大概也是人性相通吧。

说到"酒"字,去掉三点水就是"酉",这表明"酒"与"酉"有密切的联系。另外,像"尊"、"奠"、"配"等,繁体"醫"字,也都与"酉"有关。

"酉"的古字形如下:

甲骨文　　　　　　金文

"酉"的古字很像一个陶制坛子形。

由考古发现知,古代制作的陶器各式各样,既有实用的器物,也有观赏的工艺品。就实用陶器来说,有一种叫做"坛"(体小些的叫"尊")的陶器:底尖,腹大,颈细,口小。根据考古学者研究,这种陶器是用来酿酒的。分析起来这种器形有其特点:小口,便于进料;细颈,减少酒气溢出;大腹,可增加容量;尖底,便于埋入地中。从"酉"的古字看,就是"瓮"的象形。

早期的"酒"字,是在"酉"的左边或右边加点,表示"酒"是流动的液体(加"彡"的"酉"字另当别论,"彡"表示用羽毛装饰,或用笔画修饰)。从这些象形文字的变化看,当时的"酒"字还没有最后定型,甚至金文中有的"酒"字也与"酉"字相近。

由比较可以看到,"酒"字与"酉"字有密切的联系。

甲骨文"酉"字

"酉"字的下部表示酿酒的容器,上部形状描述了黍粒发酵上浮或香气外溢的情景,当时黍(今北方称黄米)是酿酒的主要原料。由此可推测,"酉"的初义是造酒。古代字典《说文解字》释义:"酋,绎酒也。从酉,水半见于上。《礼》有'大酋',掌酒官也。"清代学者段玉裁注解:"绎酒,谓日久之酒。"可知"酋"就是久酿的酒。先秦古书《礼记·月令》中称监督酿酒的官为"大酋",设专职官员管理,表明在周代时酒的生产和供应受到重视。

从"酋"与"酒"字的关系中,能看到酿酒在古代社会生活中的重要地位。实际上在甲骨文、金文中还有许多与酒有关的文字,如"尊"字,像双手捧着"酒尊";又如"奠"字,像把"酒尊"放于台上。

甲骨文"尊"字　　　　　　甲骨文"奠"字

这些字从另一方面说明,商周时期的酿酒业发达,上层社会饮酒现象普遍。

古代酒和酿酒有关的酵母在考古中已有发现。1974年在河北藁城台西村商代遗址中,发现了商代中期的制酒作坊。作坊内存有发酵和贮酒用的大陶瓮、大口罐、尊、壶等。其中一只陶瓮中存有8.5公斤灰白色水锈状沉淀物,经技术鉴定,是当时酿酒用的酵母。由于年代久远,酵母已死,仅存残壳。1985年对该遗址再发掘,又发现在酿酒作坊附近有一个直径约1.2米、深约1.5米的谷物储存窖穴。经鉴定,这些谷物是粟。从台西村商代酿酒作坊可以想见当时酿酒的工艺过程和水平;根据出土的实物,可以推测当时除酿制粮食酒外,可能也酿制果酒和药用酒;出土的酿酒器具表明商代酿酒器已有一些配套组合。

近年来在河北、湖南等地都发现了古代的酒,而尤以2003年在西安凤鸣汉墓中发现的西汉酒令世人震惊。所发现的两件鎏金凤鸟铜锺,高78厘米,启开其中一件铜锺密封了两千多年的铜锺盖,

盛美酒的西汉鎏金凤鸟铜锺

顿时酒香四溢！考古工作者抽出美酒多达26千克，只见酒液翠绿，清亮透明。这是迄今为止考古发掘中发现的存量最多、保存最好的古代美酒，在中国考古史和科技史上都是一个重大发现。

豕
有猪才有家

从历史上看,从野种猪到家养猪经过了一个漫长的过程。猪的圈养与人类的农耕定居生活密切相关,养猪是中国式农户经济的主要特征之一。猪肉很早就成为中国人膳食结构中的重要组成部分,另外,猪的肥料对传统农业也有不小的贡献。

猪,上古时被称为"豕",古字形如下:

甲骨文　　　　　　　　金文

从甲骨文刻画看,是一只猪侧视图形的简化。

家猪是由野猪驯化而来的,中国是世界上最早养猪的国家,据考古发现,至今已有九千多年的历史。最早的原始家猪遗骸在广西桂林甑皮岩新石器时代遗址中发现。家猪与野猪相比,体型有很大不同。野猪因觅食掘巢,经常拱土,所以嘴长而有力,犬齿发达,头部硕大伸直,因而前躯长,约占到全身的70%,后躯相对短,约占全身的30%。而经过数千年的喂养,现代家猪的头部已明显缩短,犬齿退化,胴体延长,前躯缩小到占全身的30%,后躯增大到占70%。在浙江余姚河姆渡遗址出土一只陶钵,其上有一只猪的图像。从图像看,其形状处于亚洲野猪与现代家猪之间,表明六千多年前所喂养的猪已进入原始家猪阶段。

河姆渡遗址出土陶钵上的猪图像

猪最早养在哪里?看起来这一问题简单,事实上耐人思考。猪不同于马、牛、羊之类的牲畜,不适宜做远距离放牧,因而古人便把猪圈起来喂养。甲骨文有口字加豕字等字,文字学家释作"囗",就指养猪圈棚。《诗经·大雅·公刘》有"执豕于牢"的诗句,也说明猪在商周时实行圈养。圈养与人的居住有什么关系呢?不妨看一下

"家"的古字形,所表现的是屋子(宀)下面躺着一头猪(豕),这非常有意思。今天一说到"家",我们本能的反应与人有关,而上古时代竟是与猪(豕)有关!猪在居室之下饲养,反映出养猪与人类居室有密切的关系。

甲骨文"家"字　　　　金文"家"字

猪会养在家里吗?考古发现,浙江河姆渡遗址有许多干栏式房屋遗迹,这种建筑是先打桩,而后在桩上架设梁(龙骨)承托地板,构成架空的居住面基座,再在上面立柱、安梁,构成屋架。据测量,干栏式房屋的桩约长260厘米,地板比室外地面高80～100厘米。干栏式建筑是适应沼泽湿地的需要而建的,而地板下架空的部分,有学者认为正可以用来养猪。今天南方许多地区仍有干栏式建筑,而不乏有在下面养猪的人家,就是一个例证。

大概在初创"家"字时,古人就把"有豕"和"无豕"看得很重,甚至作为区分身份贵贱的标准,沿袭下来,猪(当然还有牛羊等家畜)成为家庭中必不可少的财富。

"有豕"为什么会被看重呢?说来这与中国人传统的膳食结构有关,也与传统农业的大田生产有关。从膳食结构看,由于古人日常膳食是以粟麦或稻米为主,因此蛋白质不够。尽管有大豆植物蛋白质补充,但动物性蛋白质仍然不足,这就得靠养猪解决。鸡鸭

汉代灰陶猪圈

之类只是辅助性的,牛羊和鱼虾倚赖草原或河流湖泊,也有局限性。即使是所谓鱼米之乡,动物性蛋白质丰富,但养猪还有个提供肥料的问题,靠鱼虾不能解决。从中国传统农业生产看,最突出的是肥料需求,无机肥料的消耗量相对较少,有草木灰、贝壳灰等,问题不大。从土壤取走的氮素(动植物蛋白质)必须及时补足,古代又没有氮素化肥,所以有机肥料的来源问题就依靠养猪积肥来解决。

与"豕"相比,"猪"是个后造的会意兼形声字,繁体字写作"豬"。简化字改"豕"为反犬旁(犭),将其归于"犬"类,这便是今日的"猪"字。

顺便说一下,从"豕"的字的字义多与猪有关。如"豚",本义为小猪。豪,本义为豪猪,也叫"箭猪",后引申为豪杰,进而引申为强横有势的(人),如说"土豪"、"豪绅"。豢,本义为设栏圈喂养猪狗,后泛指喂养。用"豢养"一词,今带有贬义。

牛

悠久的牛耕文明

牛是我们熟悉的家畜之一。驯化的牛能耕地或拉车,牛肉、牛皮、牛奶都与人类的生活密切相关。而牛耕的地位最为重要,它对于中国传统农业形成和发展有过深远的影响。

"牛"的古字形如下:

甲骨文　　　　　　　　金文

从古字形看,像正面看过去双角向上翘起的牛头的简化图。

中国通常所说的"牛",一般指黄牛,而通常所说的"耕牛",则包括黄牛和水牛。黄牛和水牛在生物学上是两大不同"属"的动物,两者之间不能杂交。黄牛、水牛都是我国独立驯化的有角大家畜。

根据考古资料知,在河南、山东、内蒙古、甘肃等地的新石器时代遗址中都有牛骨发现,在浙江河姆渡遗址中出土有水牛的骨骸,表明水牛的饲养在我国至少已有七千多年的历史。

我们所说的甲骨文,其"甲"指龟甲,"骨"指牛骨。河南安阳殷墟出土大量的卜骨,就多取材于牛的肩胛骨。牛在商代也大量用于祭祀,动辄数十数百,甚至上千头,这在卜辞里都有明确的记载。

根据生物学家研究知道,安阳殷墟哺乳动物遗存中的牛有牛属、水牛属各一种,拉丁文名分别为 *Bos exiguus*,*Bubalus mephistopheles*。前者称为"牛"(或"殷牛"),后者称为"圣水牛"。牛属的角较圆,多弯向前;水牛属的角较为宽扁,皆弯向后。两者形态上也差异很大。从遗骨推断,圣水牛在1000只以上,殷牛在100只以上。可见在殷商时代,圣水牛远多于殷牛。故有学者认为,殷商时

商代刻辞牛骨

代饲养的牛是水牛,即圣水牛。(参见张之杰:《殷商畜牛考》,《自然科学史研究》1998年第4期)

有殷牛和圣水牛,这样看来,甲骨文中的"牛"字,其摹写形状或泛指两者,或仅指其一。由于圣水牛被驯化为家畜,其双角向后弯曲如"U"字形,与甲骨文"牛"字刻画图形相合,因而有学者认为,甲骨文的"牛"字,可能专指圣水牛。

牛在商周时代被大量饲养,其重要地位不在马之下。《诗经·小雅·无羊》唱道:"谁谓尔无羊?三百维群。谁谓尔无牛?九十其犉(黑唇黄牛)。尔羊来思,其角濈濈。尔牛来思,其耳湿湿。或降于阿,或饮于池,或寝或讹。尔牧来思,何蓑何笠,或负其餱……"诗歌生动描绘了牛羊成群在野外吃草饮水,牧人披蓑衣戴斗笠、背负干粮辛勤放牧的情景,可想见西周养牛业已有一定规模。

商周时期的王室、贵族和民间都重视养牛。贵族们喜用玉石雕琢牛的形象殉葬,青铜礼器上也常用牛头纹装饰,甚至整件器物制成牛形。河南安阳殷墟妇好墓出土的两件石牛,其中一件作卧状,大角上竖内弯,极似圣水牛。看来当时安阳一带气候较今温暖,适宜饲养圣水牛。

不过,圣水牛后来逐渐减少,约到春秋后期,家牛(*Bos taurus*)取代了圣水牛,可能有气候原因,也可能是家牛容易驯服而被大量繁育。

为了使牛容易被人役使,古人在牛鼻子上拴上鼻环。在山西

妇好墓出土石牛

浑源李峪村晋墓曾出土一个青铜牛尊,牛尊上就穿有鼻环,这反映出春秋战国时期的家牛通常都是穿有鼻环的。不要低估牛鼻环的意义,有学者说,假如先人没有发明鼻环,牛是否会那么驯服地被套在犁具和车辕之中,从而影响中国农(牛)耕文明的发展?

羊

大吉大利的征兆

羊是我们非常熟悉的一种动物，其种类很多，作为家畜的羊，一般指绵羊和山羊。羊的性情温顺，外表干净，讨人喜爱，还奉献给人羊肉、羊奶和皮毛。正因为如此，古人从实用、功利出发，把羊视为大吉大利的征兆。

"羊"的古字形如下：

从古字形看，"羊"是对羊的双角和长脸的精妙简化。

羊是先民较早驯化的家畜之一，这大概与羊的温顺性情有关。在距今约八千年的河南裴李岗遗址中，发现有羊的牙齿、头骨和陶制羊头,距今七千多年的甘肃秦安大地湾新石器时代遗址中出土了十多个羊头骨,这说明中国养羊有久远的历史。

中国(尤其是中原地区)的绵羊是从哪儿来的呢?关于这一问题曾长期众说纷纭。近年来,根据文献记载和动物染色体的科学手段分析,证明中国绵羊来源于本土的古盘羊,最早是在西部地区为氐羌民族驯养成功的。当时驯养的绵羊称为羌羊。随着氐羌、华夏民族的形成及流动、融合,羌羊从渭水流域呈放射状扩散到全中国各地区。一部分羌羊因独立生存,未与中亚、近东脂尾羊混血,故仍保持螺旋形角或短瘦尾的特征,今在甘肃、青海、西藏等地分布的藏系绵羊,既有螺旋形角,又有短瘦尾。而分布于陕南、四川、云贵等地区的藏系绵羊仍保持瘦尾特征。其他各地羌羊因与中亚、近东脂尾羊不同程度地混血,则呈现出各种形态的脂尾特征。(参见薄吾成:《试论盘羊与氐羌》,《农业考古》2000年第1期)

羊被古人驯养后,不仅作为主要食用畜之一,还用于祭祀和殉葬。古书《夏小正》记载:"二月……初俊羔。"《诗经·豳风·七月》说:"四之日其蚤,献羔祭韭。"殷墟卜辞也记载祭祀时用羊的数量多达几百,甚至上千只。《诗经》中有十三篇提到羊,《小雅·无羊》唱道:"谁谓尔无羊?三百维群。"表明西周牧羊时一组羊群已多达三百只,反映了当时牧羊业的繁盛。

羊因性情温顺,有吉祥意,为古人喜欢,古人常用羊的图形做装饰。出土文物中可见有羊形饰物的精美商代青铜器。如湖南宁乡出土的四羊方尊,是一件珍贵的艺术品。该器腹部以四只羊的前半身为装饰,羊头上双角盘曲,似为绵羊,但颔下有须髯,又似为山羊,神态安详,形象逼真,纹饰华丽,铸造极为精美。湖南地区青铜器盛行以羊为饰,也反映了商代南方地区养羊业的发达。

商代四羊方尊

古代器物上常有"吉羊"二字,这个"羊"也就是后世的"祥"字。羊、祥在表示"吉祥"时相通。后世为了表义明确,又给羊字加上"示"旁,造出"祥"字,专用来表吉祥之义。

语汇里从羊的字不少,其字义都与羊有关。如"羌",像头戴羊角的人形,本义指我国古代西部游牧民族的"羌族",该民族以羊为图腾。又如"姜",像头戴羊角的女人形,本义为羌族女子之称。再如"羔",本义是小羊,后来引申指幼小的生物。"群"本义为羊群,后来泛指聚在一起的人或物。"美"本义是味美,后泛指美好、美丽、美观。群、美,今天已成为使用频率很高的字。

马

马有多少,国有多大

马是我们非常熟悉的一种动物。马不仅像牛一样可役使,更重要的是训练后在战争中使用,发展出骑兵。在古代,马的驯化要比牛、羊晚,但由于对马的需求,刺激了马的繁育,也促进了养马业的兴盛,甚至马有多少,可反映国有多大。

"马"的古字形如下:

甲骨文　　　　　　　　金文

"马"的古字形好比一幅微型侧视简图,与正面刻画的牛、羊古字形成鲜明对比。

关于驯化马的来源,学术界有不同的看法。有人认为是由蒲氏野马进化来的;也有人认为,蒲氏野马是亚洲独立的马属动物,它和蒙古马在外形和骨骼结构方面差别很大,因而不能认为是蒙古马的祖先。

所说蒲氏野马的特征是身躯较小,颅大,腿短,尾长,鬃和耳耸立。该马于20世纪50年代濒于灭绝,只在欧洲和北京动物园里有少量存活。20世纪末,通过国际合作,放归了一批蒲氏野马到蒙古草原,有望繁殖后再现昔日的奔腾景象。

历史上马的驯化饲养要比牛、羊时间晚,这大概与马不易驯服有关。考古发现,山东历城城子崖龙山文化遗址有马遗骨出土,遗址距今有五千多年,推想那时马已被驯化饲养。

由于马有耐力,奔跑速度快,给古人骑乘、田猎带来很大方便,而双轮车的发明更是给马找到了用武之地。

周代时王公贵族喜欢田猎,当时田猎都是乘马车进行。《诗经》中有许多诗篇描写了王公贵族乘车田猎的场景。《郑风·大叔于田》唱道:"叔于田,乘乘马。执辔如组,两骖如舞。"诗句中的"辔"指驾马的缰绳,"骖"是驾在车两旁的马。《秦风·驷驖》描写秦襄公和众臣乘车田猎的情景:"驷驖孔阜,六辔在手。公之媚子,从公于狩。""驷驖"指驾车的四马的毛色如铁色一般。

春秋时期,干戈不息,各国对马的需求激增,马和战车的数量成为一国经济、军事实力的代名词,一度兴说"百乘之国"、"千乘之国",充分反映国家实力。一辆车为一乘,一车要有四马,可想一国要养育多少战马。春秋时期养马的情况可从考古中得到证明,山东临淄古齐国之地发掘出齐景公的殉马坑,殉马多达六百余匹。经鉴定,殉马全是六七岁口的壮年战马,体形高大,个头均匀,显然是精心挑选的。由此可想见齐景公的奢华,也反映了齐国养马业的繁盛。

东周齐国殉马坑

古代对马的需求促进了马的饲养,同时也带来对马的形态结构的认识。在养马的实践过程中,古人认识到马的形态生理和生产机能之间具有一定的联系,由此形成了相马的知识。春秋战国时期,出现了专门研究马的形态的专家,能根据马的毛色、牙齿、骨骼、肌肉、神态、蹄子等来鉴别优劣。伯乐相马的故事就是这一时代的产物。

秦汉时期,由于军事和动力上的需要,国家对养马非常重视。秦朝建立了专门的畜牧业管理机构,制定马政条例,以太仆卿掌管国马,还制定了中国最早的畜牧法《厩苑律》。秦朝主要饲养西戎马和蒙古马,采用牧养和厩养结合的方式,以粟为主要饲料,以分槽单养、专人负责为主要饲养方法,十分重视夜间饲养,实行定时定量,按役使情况喂养。

汉代养马又进一步发展。汉武帝大力饲养战马,鼓励民间养马,在全国各地建立了许多处马苑,颁布各种马政法令,改良马种,从西域引进优良种马。《史记·大宛列传》记载:"云'神马当从西北来'。得乌孙马好,名曰'天马'。及得大宛汗血马,益壮,更名乌孙马曰'西极',名大宛马曰'天马'云。"汉武帝太初元年(公元前104

东汉铜奔马和铜车马仪仗队,甘肃武威雷台汉墓出土

年),又从大宛得"善马数十匹,中马以下牡牝三千余匹"。这些外来良马对改良马种起了重要作用。为了发展养马业,西汉政府还从大宛引进优质饲草苜蓿,这是我国畜牧史上的重大事件之一。随着养马业的繁盛,汉代的相马术也有新的进步,出现了铜制的良马标准模型。名将马援(也是相马名家)铸造高三尺五寸、围四尺五寸的铜马于洛阳宫中。铜马模型不仅可供人们参看,对认识和研究马的形态也起到了很好的直观作用。

制 器

井

"井"字为何写为框子形

井,最基本的意思是指从地面往下挖成的能取水的深洞。后来含义扩展,凡向地下开凿的深洞都称为井,如矿井、油井、导弹发射井等。

"井"的古字形如下:

甲骨文　　　　金文

井是往下挖的深洞,为何甲骨文"井"字反映的却是框子形?金文"井"中间有的加一点,又表示什么?

现代城市里普遍使用自来水,以致有些孩子不知井为何物。而在农村地区生活的人,要从井中取水,自然地对井熟悉。然而说到井的起源,恐怕很多人答不上来。

关于井的起源,文献记载是伯益("圣人"级的人物)发明的。《吕氏春秋·勿躬》说:"伯益作井。"《淮南子·本经训》说:"伯益作井,而龙登玄云,神栖昆仑。"由《史记·秦本纪》分析,伯益是禹舜时代的人,曾协助大禹治水。这就是说,伯益作井大约是四千多年前的事。而实际上从考古资料知道,水井的产生年代要比这早得多,距今六七千年的新石器时代遗址中就发现有水井。

井是从地面往下挖成的能取水的洞,为什么古老的"井"字却写为框子形?

已发现最早的浙江河姆渡遗址的一口水井,分内、外两部分,外围近圆形,里面是一个方形竖井。井底距当时地面近1.5米。这里原先可能是一个天然的或人工开挖的锅底形水坑,先民取用坑中的水,当坑内水源枯竭时,就在坑内向下挖成一竖井。为了防止井壁坍塌,挖井前先民先在坑中打入四排木桩,组成一个方形桩木墙,然后将排桩内的泥土挖出。排桩内顶还套了一个方形木框,其外观正是古老的象形文字所描画的形象。由此可见,古人造字是对事物细心观察而摹写形状特征。水井方形框子的结构也即后来文献所称的"井干"。

在河北邯郸涧沟、河南汤阴白营等地也发现了新石器时代的水井。邯郸涧沟遗址的水井,深达7米,口径2米左右。其中一口水井的井底发现有半完整的陶器50多件,大概是因汲水失落而沉

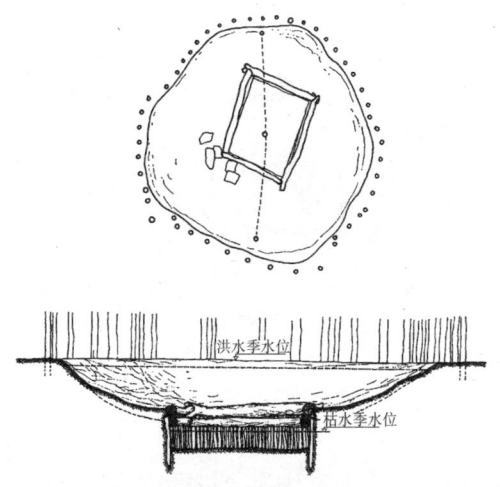

河姆渡遗址原始木构水井复原图(上：平面图；下：剖面图)

入井底的。汤阴白营遗址的水井口呈圆角方形,上口直径5.7米,向下半米深后直径缩小,井底直径1.2米,井深达11米。井内有加固井壁的"井"字形木架46层。

到商代,随着青铜工具的使用,打井技术有新的提高,井内壁发展成上下相等的筒形。在河北藁城台西村商代遗址中发现两口水井,井均呈圆形,较深的一口有6米多。两井底都有木质井盘。一口井的底部还发现了一只木桶,因此可知,当时汲水是直接提取的。所以有学者认为,金文"井"中的一点是表示汲水用的桶或罐子。

战国时期,随着城市发展和各种手工业作坊的建立,对水的需求量增大,由此推动打井技术的发展。这个时期创造了陶圈井,在古楚国、燕国等地都已有考古发现。北京城西南曾发掘出六十多

河北藁城台西村商代遗址水井，木架呈井字形

口陶井，其中多数是战国时期的。井身用一节一节的陶井圈套叠，最多的叠有16节。考古专家认为，当时是先挖一口土井，当挖至水线的流沙层时，便将一只陶井圈放入井内，再从井圈内挖去泥土，井圈便下沉，上边再套井圈，这样一直挖到一定深度的水位为止。这种打井方法与现代工程中称为"沉井法"的施工方法相似。

西汉以后，陶井逐渐被砖砌的井取代，砖井一直沿用，今天在农村许多地方仍可见到。

井的发明在古代是一件大事，因为有了井，人们就可以远离河畔、泉边而深入到平原上开发土地，建立新定居点，这对人类社会的发展具有不可估量的作用。

随着井的出现和使用，与"井"有关的词语丰富起来，如"井水不犯河水"比喻双方互不相犯；"井底之蛙"、"坐井观天"比喻眼界狭小，见识短浅；"吃水不忘挖井人"用来表达对前人恩泽的感念。也有"井"的间接用法，如"一朝被蛇咬，十年怕井绳"。

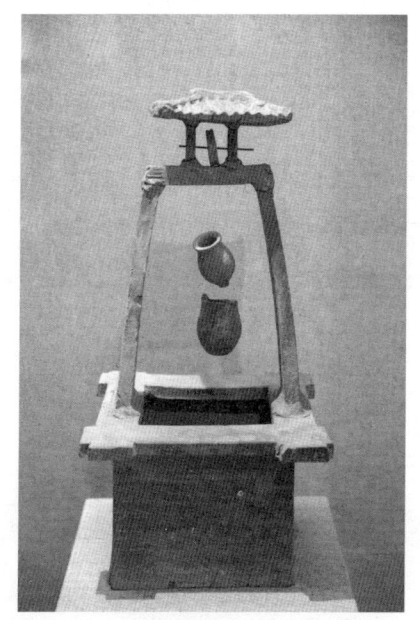

东汉陶井

更有意思的是井的扩展用法,如北京著名的"王府井大街",现在人们一般都知道它是繁华的商业区,却多半不知道其名称源自清朝某王府的一口甜水井。

石

古代的石器制作

"石"是我们极熟悉的字,以"石"为偏旁的字有一大批。石作为建筑材料随处可见。从人类发展史来说,人类走向文明最初的阶段是石器时代。在历史长河中,人类利用石材制作了各式各样的工具和奇丽的艺术品。

"石"的古字形如下:

甲骨文　　　　　　金文

学界一种说法,"石"的古字像在山崖下的石块。

"石",按古老的字典《说文解字》解释:"山石也。在厂之下;口,象形。"后来的学者大都接受这种说法,认为"石"的古字上半像崖角,下半为崖下石块之形。也有个别学者认为"石"字"像石磬形,'口'表示石磬发出的声音"(参见王宏源:《汉字字源入门》,华语教学出版社,1993年),这种说法理由不足。

笔者认为,"石"其实也像制作的石片形。主要理由是,山崖自然剥落的石块形状并不规整,而"石"字的下半用笔讲究(注意两边笔画稍微出头,下部圆角),不像是对自然石块的描画,而更像是对人工制作的石器之形的描画。石器在上古时代是非常重要的农业和手工业工具,古人会从制作工具的角度重视石头,抓住事物的特征,而造出一字。从这样的角度思考,甚至可以说,所谓的"崖角",其实刻画的是一种尖利的石器形,它可以单独使用表示"石"(甲骨卜辞中见此用法),而与片状的石器形组合一体,能更清楚地表示经加工后有一定形状的"石"。因为,尖利的石器和片状的有刃石器,是古代石器中有代表性的两件工具。

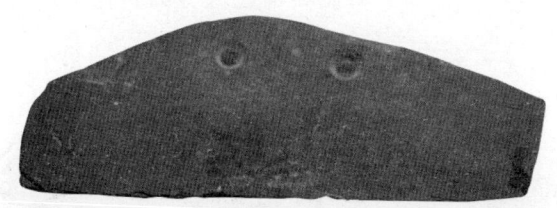

新石器时代穿孔石刀

说到石器制作,看似简单,实则不易。因为早期没有工具,制作石器只能是借助另外的石头击打。由打制到磨制,由粗糙到精细,经历了极为漫长的过程。

打制是一种原始的方法,在旧石器时代广泛运用。制作时用石锤打击石材,打下具有锋刃的碎片(称为石片),便可用来加工成石器。石材被打下若干石片后形状改变,成为石核,其表面会留下许多石片剥离的痕迹。

根据对周口店北京人遗址出土石器的分析,可知打制的方法主要有以下几种(见下图):(1)锤击法。手握石锤,由石块平面的边缘上打击石片。这种方法多用于燧石、砂岩、脉石英。产生的石片长而薄。(2)碰砧法。手握扁平的石块,在石砧上碰击,打制成石片。这种方法一般适用于砂岩。(3)垂直碰击法。在石砧上放一块石块,用手按住;另一手拿一块鹅卵石作石锤,垂直砸击石块,使之产生石片。这种方法产生的石片窄而长。

磨制石器大约出现在一万年以前,它是石器制作技术的重大突破。从打制石器到磨制石器是区分旧石器和新石器的标志之一。

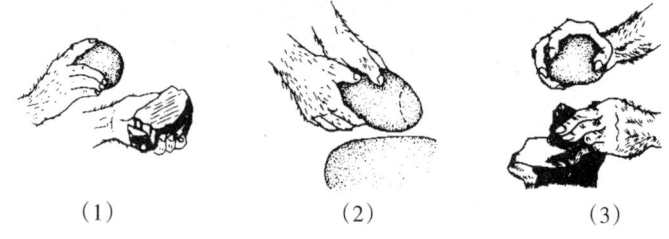

打制石器的方法

磨制石器出现于中石器时代，最初只限于在器物的刃部打磨，后来逐渐扩展到器体的全部。磨制的方法是将打制的石器粗坯的刃口或表面置于砺石上，加砂蘸水着力研磨，以得到合理的形状、刃形、锋锐度，以能更好地适应不同的需要。

为装配木柄或是美观，石器常需穿孔。穿孔技术包括钻穿、管穿和琢穿三种。钻穿法是用一端削尖的硬木棒旋转钻削成孔洞，管穿法是用边缘削尖了的竹管套孔，琢穿法是用器具琢磨成孔。穿孔时需加水和磨料，深长的孔需从两端穿孔，出土器物上常有明显的穿凿遗痕。石器磨制和穿孔技术后来也用于竹、木、骨、角等器的加工，使人们所用工具的样式、外观、功效都有了很大的提高。

石器的使用代表了人类文明的起源，所以是考古学研究的一个重要内容。石器虽然古老，但今人对它并不陌生，如石磨、石臼、石碾子等，在许多农村地区仍有使用。若说用美石制成的装饰品，在大商厦的柜台和橱窗里很容易见到。

匋
陶器的产生与发展

陶是陶器的简称,为人们所熟悉。陶最初写作"匋",有学者说"勹"为陶窑之形,里面放置缶(待烧的陶坯),经过一定时间烧制,出窑就成了陶器。

"缶"为象形字,像是用杵捣制陶泥制作陶坯之形。"缶"的本义是一种腹大口小的瓦器。

"缶"的古字形如下:

| 甲骨文 | 金文 |

追溯历史,陶器约产生于一万多年以前。

旧石器时代末期,人类由采集渔猎逐渐转向农耕,开始了以种植为主的定居生活。新生活方式需要存储农作物,人们发现,黏土经过火烧烤,容易变硬变实,而事先把黏土做成一定形状,火烧烤后会定型。看到这些现象使先民受到启发,便有意识地用黏土制作器物,想办法提高烧成温度,陶器就这样逐步地发展起来。

中国是世界上最早制陶的国家之一。考古发现江苏溧水神仙洞遗址出土的陶片距今约一万一千年。

中国古陶器遗存以黄河流域和长江流域发现的较多,并且比较完整。如河南新郑裴李岗文化遗址出土有距今八千至一万年的陶器,浙江河姆渡文化、西安仰韶文化、山东大汶口文化等遗址出土有距今五千至七千年的陶器。新石器时代早、中期的陶器以泥质红陶或夹砂红陶为主,采用手工制作,分为捏塑、泥条盘筑等制法。泥条盘筑是先制成泥条,然后一圈圈盘筑成形,再用手将外面抹平。这种方法至今在我国某些少数民族地区仍在使用。

泥条盘筑示意图

新石器时代晚期,先民发明了轮制法,用陶轮制作陶器。陶轮是一个装有直立转轴的圆盘工作台,把坯料放在陶轮的中央,当陶轮转动时,用手捏或用工具使陶土成形,并使坯面光洁。用陶轮制成的陶器胎壁均匀,外形美观,还可提高生产率。轮制陶器往往在器壁表里留有平行密集的轮纹,器底部分也保留有线割的偏心纹。在山东龙山文化遗址(距今约五千年)出土有大量用陶轮制出的单色、无彩的新型陶器,器物通体黝黑,胎体薄如蛋壳,被称为"蛋壳陶"。这类陶器代表了该时期陶器制作的最高水平。

陶窑随着陶器制作也在不断改进。早期陶窑用木柴作燃料,使用自然通风。它所以能达到较高温度,主要在于结构的合理性。西安半坡仰韶文化遗址的陶窑有横穴式和竖穴式两种,窑在地面或沿坡侧挖出,由火口、火道、窑台、窑室组成,拱形窑室用草拌泥修筑。龙山文化时期的陶窑,其火膛靠近窑室下方,窑箅由草拌泥制作,火焰经多条火道从箅孔通往窑室。

轮制法制陶示意图

龙山文化薄胎黑陶高柄杯

商周时期，由于手工业的进步，陶器的生产组织和技术都有新变化。河南郑州商城遗址西墙处发现商代的制陶工场，其中有十几座陶窑。陕西洛水村的制陶作坊遗址发现有六座陶窑，遗留有未经烧制的陶坯。由此可知，商代制陶业已采用集中而有分工的生产方式，陶器的生产量达到一定规模。

在长期制陶的基础上，商代出现了印纹硬陶和原始瓷器。原始瓷器是用高岭土制成，烧成温度在1200摄氏度以上，质地坚硬，已具备瓷器的基本特征。又经过千余年的发展，到西汉时期，中国的瓷器真正开始崭露头角。

再看从"缶"的字，字义都与陶器有关。有的是直接表示陶制器物的类别名称，如"缸"，本义是陶制容器，腹大口大；"罂"，本义是瓶一类的容器。有的是与陶器有关的行为或性状，如"缺"，本义是器物破损，引申为缺陷、过失；"罅"，本义为裂、裂开，引申指裂缝、缝隙；罄，本意是容器中空，引申为尽，用尽。成语有"罄竹难书"，其"罄"就是用尽的意思。

皿

可盛东西的饮食器具

"皿",本义是器皿,泛指碗、碟、杯、盘之类的饮食器具。从"皿"的字也为人们所熟悉,如盆、盘、盒、益、监等。

自人类开始"凝土为器",从技术发展的逻辑讲,"皿"形的饮食器应是最先制作的陶器种类。

"皿"的古字形如下:

甲骨文　　　　　　　金文

"皿"的古字,像可盛东西的器具。

陶器是伴随着原始农业的发生而出现的。一方面,先民在生活中观察到黏土经过火烧烤,容易变硬变实,这会使先民受到启发,有意识地用黏土加工成形,用火烧成陶器;另一方面,就简易、实用来说,最先制成的陶器应是盆、罐、碗一类的饮食器物,考古发现也证实了这一点。

1962年,在江西万年县仙人洞新石器时代遗址发现一件夹砂红陶器,经检测距今约一万年。该器为手制,无耳无足,质地粗糙疏松。高约18厘米,口径20厘米,器厚0.7～1.4厘米不等,内壁凹凸不平。考古专家认为这是迄今中国所发现的最早的成形陶器之一。关于这件陶器,有人叫做"罐",实则叫做"大碗"也无不可,它可以看作甲骨文"皿"的象形。

近年在黑龙江齐齐哈尔市西南的昂昂溪,也发现了新石器时代早期的陶器,其中有两件是完整的,一件为平底的深碗,一件是圆形的罐子,外观都比较粗糙。

在新石器时代早期人类的生活中,先制作饮食器具是合理的。因为从技术的逻辑讲,陶器制作应从简单到复杂,从粗糙到美观,从先制作实用性器物,到制作非实用性器物。不能想象,先民不解决生计问题,而饿着肚子先去做精美的工艺品。虽然不排除先民有审美的追求,但与生活的需

江西万年县仙人洞遗址出土的陶罐,距今约一万年

要比还是有主次之分。

随着人类社会发展，到新石器时代中晚期，陶器制作变得复杂和精致起来。在这一时期的文化遗址中发现了不少精美的陶器，其中很多是器皿之类的物品。1956年，甘肃永靖出土一件新石器时代晚期的涡纹彩陶罐，高50厘米，口径18.4厘米，泥质红陶，外表光滑，绘黑褐色水波纹与流水涡纹，看上去很惹人注目。此陶罐是马家窑文化的代表作，被誉为"彩陶之王"。20世纪70年代，在山东龙山文化遗址（新石器时代晚期）出土了大量黑陶器，其造型丰富，外表黝黑光亮，胎体轻薄。下图是龙山文化遗址出土的几件黑陶器，你看，甲

马家窑文化涡纹彩陶罐

龙山文化黑陶盒、黑陶双耳杯、黑陶单耳杯

骨文"皿"字多像双耳杯的侧视图。

在陶器的基础上,祖先创制出粗瓷器,再从粗瓷器发展到细瓷器。在林林总总的瓷器中,器皿仍是大宗,它与民众的生活密切关联,并促进了陶瓷艺术审美。

今天我们使用的词语中,有一批从"皿"的字,其字义都和陶器有关。从表示器皿的类别及其相关器物的名称看,例如"盂",本义是盛饮食或其他液体的器皿。"盎",本义指一种大腹小口的瓦陶器。"盛",本义指放在祭器里的黍稷,后引申为把东西放在器皿里,再后来引申为充足、兴旺等,如北宋欧阳修《伶官传序》:"盛衰之理,虽曰天命,岂非人事哉!"

从表示与器皿有关的行为看,例如"益",从皿,从水,本义是水漫出来,是"溢"的本字,后引申为涨水,今用"增益"的"益"是引申义。"盥",甲骨文是在器皿中洗手之形,今天在宾馆、酒店等公共场所都可以看到"盥洗室"的标志。"盈",本义指水或其他液体充满容器或低洼之处,后泛指处于满溢的状态。"监"(繁体:監),甲骨文是人用盛水器皿照影之形。古代最初没有镜子,故以水为镜,后来才逐渐以铜铸镜,字形也写为"鑑"。今简化为"鉴",已看不出原初的意义。而"借鉴"一词中的"鉴"之义,则是后来的引申义。

甲骨文"盥"字　　　　　　　　甲骨文"监"字

鬲

古老的陶器"始祖"

鬲，今天的常用词里没有它，因而许多人不知其义，更不知其原形。有少数人以"鬲"为姓，但很多人并不知怎么读。鬲实有两音，指器物时音读利，作姓用音读格。

"鬲"，从古字形可见，是有三个肥足的容器，本义是炊具，用于蒸煮食物。鬲从产生到消亡，曾经存在了几千年。在漫长的岁月中，鬲衍生出许多其他形态的陶器，可以说它是一个典型的陶器"始祖"。

"鬲"的古字形如下：

甲骨文　　　　　　金文

从古字形可见，"鬲"就是这一器物的刻画之形。

鬲是一种古陶器,最早用于蒸煮食物,最基本的特征是三个肥大形似布袋(也有说形似乳房)的足。

作为陶器类型出现,鬲其实不是最早的。鬲的形体要比盆、罐之类复杂,因而出现相对较晚。鬲大约起源于彩陶器之后,距今约四千多年。

说起来有点奇怪,世界上其他地区陶器出现也很早,种类也很多,但都没有见过类似鬲的器物,而在中国古代,鬲存在时间长久,而且分布较广,可以说是中华古文化的一种代表"化石"。

陶鬲

鬲是怎么产生的呢?因为鼎是古器物中的大类,鼎的基本特征是三足,因而古代学者认为鬲是鼎一类的器物。如东汉许慎在《说文解字》里解释:"鬲,鼎属。……象腹交文,三足。"

表面上看,鬲上边有口,腹部有互相交错的纹样,下有三足,似乎与鼎没有什么区别。然而据考古专家研究,鼎和鬲实有不同的起源。鼎,先有圆底陶器而后添加三足。如先做一个罐子或盆子,再加上三个足即成鼎。鬲,先分别做成三个空足,再结合在一起制成鬲。再有,鼎和鬲两者的功用不一样,鼎用于比较正式、隆重的场合,鬲则是生活常用的器皿。

近年,文物工作者做了模制鬲的实验,由此可证鬲和鼎各有其制作方式。制作鬲的主要工艺程序是:①先模制袋足。袋足与缶的形制相似,制作方法也大体相同。②黏合成鬲。趁领、足半干时,先把三个袋足去掉一部分,使之互相斜倚,黏合;然后加上领部。③纹饰和修整。使用绕绳的圆棍滚压上绳纹,或压捺蜂窠状的圆凹点。

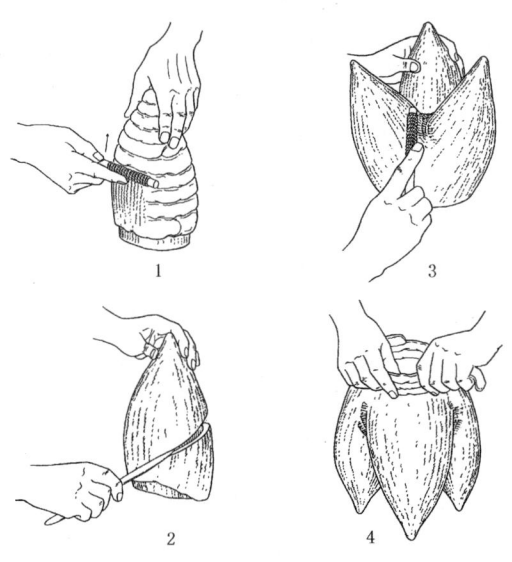

模制鬲的工艺程序

典型的鬲具有三个深空袋足,腹部很浅。所以它的足实际上兼有支持和容物的双重功能。用鬲煮水,接触火的面积较大,比起鼎来可以在较短的时间内产生多量的蒸汽,因此在鬲的基础上很自然产生了甗,甗是甑和鬲的结合,用以蒸熟食物更为实用。

不只是甗,中国古代在鬲的基础上发展出以中空袋状三足为基本特征的陶器系列,有好多种不同名称的陶器,一眼就能看出与鬲的形体联系。

鬲的形体耐人寻味,因而有学者从审美的角度研究,把鬲与欧洲石器时代的"维纳斯"(一个丰乳肥臀的女人陶塑)偶像比较,认为鬲是一种更抽象、更夸张的,具有表现力的人体艺术品,在这种陶器中或许藏有史前女性崇拜的秘密。

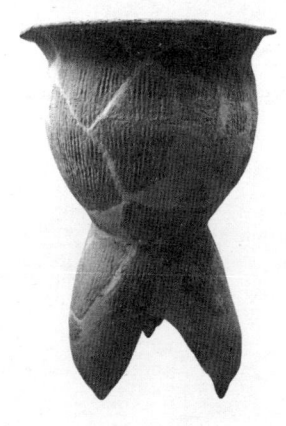

商代陶鬲

大汶口文化白陶鬶,用于盛酒或水

鬲作为器物在春秋晚期渐趋消失，到战国时期完全绝迹，原因不明。都知道历史上有几大文明的衰亡，在此我们看到一种器物衰亡的例子。

"鬲"之器物不存，但由"鬲"衍生的字词却具有生命力，今日"金融"时髦，"融"字中就有"鬲"。再如"隔"字，2003年春天 SARS 在中国肆虐，2020年新冠肺炎在全球蔓延，"隔"和"离"组合的"隔离"，成为使用频率极高的词！

角

动物角形的饮酒器

角,可做单字,也做偏旁,其本义是指动物角,典型如牛角、犀牛角。牛角因为表层坚硬,内部空心,最初古人常用它来盛酒。进入青铜时代,古人仿照牛角的形状制作青铜酒器。后来酒器形制发生变化,但有些酒器用字仍用"角"做偏旁。

"角"的古字形如下:

甲骨文　　　　　金文

"角"的古字很像动物角形,里面画的像纹路。

中国古代饮酒的历史起自何时,至今尚不清楚,大概夏代已兴饮酒,商代贵族酗酒成风,这竟成为商亡国的一个重要原因。

饮酒需用酒器,起初并没有专用的器具,古人便想到用牛角盛酒。牛角皮层坚硬,内部空心,盛酒确实很合适。

在使用青铜器之前,古人也用过陶制酒器,可能当时饮酒还不普遍,陶制酒器在考古中发现的数量不多。

青铜冶炼的兴起,为制作酒器提供了条件,古人仿照动物角的形状制作青铜酒器。制作的这种"角",无柱,也无流(俗称嘴),两尾对称,为了使角杯便于放置,加上了支脚,三角形可使器具稳定。

后来酒器种类增多,形制变化,古人就以不同的名称相区别。不过许多器物用字仍保留"角"做偏旁,使人一看就知与酒有关。

比如,带"角"旁与酒器有关的字:觚、觯、觥、觞。

觚,是盛行于商周时代的饮酒器,形状是喇叭口,中间细腰。有的觚从腰部往下有棱(底呈方形),有的无棱(底呈圆形)。《论语》记载孔子说:"觚不觚,觚哉!觚哉!"一种解释说,觚有棱角,才能叫做觚。孔子所见的觚可能是圆形的,但也名为觚,因之孔子慨叹事物名实不符,周代礼制被破坏了。

古代用以习字的八角形或六面形的木柱也叫"觚",因为它近似带棱的"觚"形,陆机《文赋》"或操觚以率尔",是说写文章很随便,像孩童学写字一样;所以成语把不慎重、不负责任地随便写文章叫"率尔操觚"。

觯,也是古代饮酒器。圆腹,喇叭口,形似颈稍带内敛曲线的杯子,有的有盖,用青铜制作。《礼记·礼器》:"宗庙之祭,……尊者

制　器 | 089

角　　　　　　　　　觚

觯　　　　　　　　　觥

举觯,卑者举角。"意思就是,不同身份的人使用不同的饮酒器。

觯在战国、秦汉时还使用,字也写作"卮"。如《韩非子》说:"今有千金之玉卮,通而无当,可以盛水乎?"意思是,贵重的玉卮,制作精美,但若没有底,水不可盛,就是无用之物。韩非借玉卮的比喻,表明了他的重在实用的态度。

觥,最初是指犀牛角或牛角制成的酒器,后用青铜制作,流行于商晚期至西周早期。椭圆形或方形器身,圈足或四足。带盖,盖做成有角的兽头或长鼻上卷的象头状。也有的觥全器做成兽形。《诗经·周南·卷耳》:"我姑酌彼兕觥,维以不永伤。"

觞,斟满酒的酒器称"觞",古字典《说文解字》释义:"觯实曰觞,虚曰觯。"由此可见"觞"不是酒器的专名。古代举酒劝饮称作"觞",所以斟满酒也称"觞",于是"觞"逐渐就成为各种盛酒的饮器的通称。王羲之《兰亭序》"又有清流激湍,映带左右,引以为流觞曲水","曲水流觞"用的是耳杯。饮酒的酒器都可以称"觞",是因为"觞"泛指盛满酒的酒器。有个词叫"滥觞",原意是指江河发源处的水少,只能浮起酒杯,后来常用以指事物的起源。见唐刘知几《史通·序例》:"滥觞肇迹,容或可观;累屋重架,无乃太甚。"郭沫若《今昔集·论古代文学》:"中国文化大抵滥觞于殷代。"

壶
极富生命力的大腹容器

"壶",繁体作"壺"。最早是指盛酒、温酒用的青铜器,如今已泛指有嘴、有把(或提梁)、盛液体的器具,所用材料也多种多样。与"尊"、"鬲"、"簋"、"敦"等其他青铜器物名比起来,"壶"字可以说极富生命力,其基本含义千年不变;而与其他字组合成的"水壶"、"茶壶"、"咖啡壶"等,则都是我们今天十分熟悉的器物。

"壶"的古字形如下:

甲骨文　　　　　　金文

"壶"的古字形很像是个有盖、两侧带系耳的大腹容器。

新石器时代仰韶文化鱼鸟纹彩陶壶,高21.6厘米,口径2.1厘米

新石器时代,先民已用陶土做壶。壶一般是大腹、细颈、小口,据说最初是模仿葫芦的形状。先秦文献中"壶"有时也为"壶卢"简称,指的就是"葫芦"。《诗经·豳风·七月》:"七月食瓜,八月断壶。"诗中的"壶"即指"壶卢"。

壶的形体比较复杂,因而出现时间比盆、罐等器形要晚。如图所示是一件新石器时代晚期的细颈壶,泥质红陶,外表光滑,上有水鸟叼鱼的图案。看壶的形体,应是快轮制作的,这要比慢轮的技术含量高。此壶容量不大,口很小,很难说适合装什么,也许就是一件工艺品。

进入青铜时代,制作青铜壶多起来。商代人善饮酒,壶因为带盖,对盛酒、温酒来说是非常合适的容器。古代酒的品种不少,酒壶的器形也各有不同。青铜壶在历史上使用的时间自商代至汉代或更晚,因而变化的形式相当复杂。

商代壶的形式有瓠、长颈圆体提梁壶、细长颈圆腹壶、扁壶等等。东周时期多圆体长颈壶和方壶,春秋早期和西周晚期的变化不大,春秋中、晚期壶的形式有新变化。下图是春秋战国时期的三只壶:(1)是方壶的一种,方形体,盖子高,上有莲瓣造型,两侧兽耳

(1) (2) (3)

春秋战国时期青铜壶

套环。(2)是圆壶的一种,圆口,斜莲瓣盖子,两耳为攀缘于颈的回顾式龙。(3)是瓠壶类,外形很像瓠子而颈弯向一侧,有盖以链与肩腹相连。先秦时的青铜壶多无嘴,可想见古人抱壶倾斜,酒从口出。

魏晋以后,青铜器不兴,陶壶、瓷壶流行,也不再限于盛酒,壶也可盛热水、药液,形体趋于小型。自唐代逐渐兴起饮茶,茶壶和烧水壶应运而生,壶嘴、把(或提梁)必不可少,这与早期的壶形成鲜明区别。

近代工业开辟多种新材料,壶可用不锈钢、铝合金、玻璃等制作,为适应不同的需要,壶的形体也多种多样,如家庭用的烧水壶、咖啡壶,军队用的水壶,旅行用的电热壶,等等。从实用的角度出发,现代的壶一般都比较朴素,当然也有紫砂壶那样讲究造型和工艺的,那是另一码事。

因为壶是盛液体,手拿把柄,通过口(或嘴)倒出液体的容器,这就使得当今"壶"的用法有些泛化。如北方有些地区管暖水瓶叫暖

紫砂壶

壶,夜间用以撒尿的一种小口的器具叫夜壶(或直接叫尿壶)。从大雅到大俗,壶都可以沾上边。

壶为人们熟悉,因而有带"壶"的词句流行,如:说"醉死不认半壶酒钱",比喻明知不行,偏不愿承认;"哪壶不开提哪壶",比喻当众说人家的短处或不愿谈的问题。还有句歇后语是"茶壶里煮饺子——有嘴倒不出",用来比喻自己或他人拙于表达,非常生动。

注意,壶与"壸"(音读捆)形近,仅一横之差,却是两个不同的字,不可混淆。"壸"是指宫中的里弄小道,古人把帝王后妃所居之处叫"壸闱",宫中政事为"壸政"。

豆
此"豆"非彼"豆"

说此"豆",是指具体的古代器物;说彼"豆",是指当今为大家所熟悉的农作物。两个"豆"音同而实不同,不过,在历史上它们又确有联系。

分析古代器物"豆",其古字形如下:

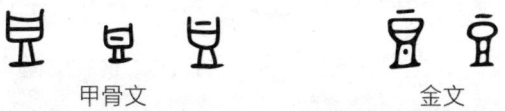

甲骨文　　　　　　　金文

从古字形看,"豆"像一个高脚有底座的碗或盘,里面盛有东西。

"豆"是古代盛放食物的器具,同今天的碗碟作用一样。最初的豆为陶制,形状是上盘下柄,底下有座,很像是今天家用的高足果盘。早期的豆,应是常用的饭碗,后来制作讲究了,也以它作为礼器,盛肉酱之类。

新石器时代崧泽文化陶豆

进入青铜时代,有了铜制的豆。西周时期的铜豆,器形仍似陶豆,盛食的盘浅腹大口。春秋时期豆的形体有变化,出现带盖的豆,外表增加了装饰。豆也用其他材料制作,并有了专称。见《尔雅·释器》:"木豆,谓之豆(梪)。竹豆,谓之笾。瓦豆,谓之登。"笾与豆的形状相似,但两者盛放的食品不同,材料也就不同。笾用竹子制作,用于盛脯(肉干)、枣、栗子等干燥的食物。豆用木料制作,用于盛菹(腌制的蔬菜)、醢(肉酱)等有汁的食物。笾与豆多配合使用,一起出现,《诗经》有几首诗中笾和豆连用,如:《豳风·伐柯》"我觏之子,笾豆有践"("要想见那姑娘面,摆好食具设酒宴"),《小雅·常棣》"傧尔笾豆,饮酒之饫"("摆上佳肴满桌,宴饮意足心欢"),《大雅·既醉》"其告维何,笾豆静嘉"("神主良言什么样?祭品丰美放盘里"),等等。

豆的制作不断发展,用作祭祀等庄重场合的豆,制作精美而复杂。湖北随县曾侯乙墓出土有雕花漆木豆,堪称是精美的工艺品。该漆豆及盖分别用两块整木雕成:先用一块雕出整体(座、柄、鼻、耳),耳先雕成饕餮形状,再镂空其两侧;另用一块整木雕出豆盖,盖顶浮雕仿铜器云纹、龙纹。整器遍髹黑漆为底,再用朱漆描绘花纹图案,色彩艳丽,盎然成趣。

曾侯乙墓漆豆。该漆豆在战国漆木器中属上品,有很高的艺术价值

比起钟、鼎等大器物来说,豆只能算小器物,但它很实用,制作精美的豆供祭祀礼仪场合使用,普通的豆作日常饮食器用。古时身份不同,使用豆的数量也大有差异。地位越高,拥有的豆就越多,甚至年岁越大,享用的豆也越多。《礼记·乡饮酒义》记载:"六十者三豆,七十者四豆,八十者五豆,九十者六豆。"当然,所谓若干豆

实际指的是豆里盛的食物量。

豆既然是指器物,先秦古籍中有关"豆"的记载也就不难理解了。《论语·卫灵公》说:"俎豆之事,则尝闻之矣。"便是指关于俎(形如砧板)与豆这两种祭祀用的器物的事,引申为礼仪的意思。"俎豆之事"就是说的"礼仪之事"。《礼记》里所谓"觞酒豆肉"就是指酒杯里的酒和豆中的肉。《周礼·考工记》:"食一豆肉,饮一豆酒,中人之食也。"就是说,吃一豆的肉,饮一豆的酒,这是普通人的食量。

豆既是盛食物器,就有一定的容积,古代也把"豆"作为量器来用。《左传·昭公三年》记载齐国原有四种量器:"豆、区、釜、钟",从豆到釜为四进位,从釜到钟为十进位。出土的齐国陶文常见"王豆"、"公豆",表明这些豆是设在关卡和国库的标准量器。齐国量器一升约合今205毫升,由"四升为豆"知,一豆的容积为今820毫升。比两个易拉罐的容量大一些。

再看我们今天可吃的"豆",古代最初把它叫做"尗"。用手去拾"尗",就是"叔"("又"是"手"的意思),加个草字头,便是典籍里用的"菽"。《诗经》里有"采菽采菽",《左传·成公十八年》有"不能辨菽麦",其"菽"指的都是可吃的豆。

为什么后来"菽"成了"豆"呢?据清代学者钱大昕的研究,古音舌头舌上不分,"菽"与"豆"的古音本相近,后来渐渐通用,大概到秦汉之际,就开始把"菽"叫做"豆"了。如《汉书·杨恽传》说:"田彼南山,芜秽不治,种一顷豆,落而为萁。"所谓种一顷豆,就是种一百亩豆类作物。这时的"豆"就是能吃的了。

随着"豆"(指豆科植物)名称的流行,到今天许多人反而不知"豆"的初义。若是读古书,"豆"的初义是必定要用的噢。

灯

与"豆"相关的照明器具

从简体字看,"豆"与"灯"毫不相干,但写出"灯"的繁体"燈",即知右边是"登","登"的结构中有"豆",这表明它们有一定的关联。

"登"的古字形如下:

　　甲骨文　　　　　　　　金文

古字形表示,双手捧着盛祭品的礼器"豆"向"上"走(含双足的甲骨文,即向上进献之意),"登"后来引申为上升、登高之意。

"灯"的繁体为"燈",其结构有"豆"字,可想知"灯"与"豆"有关联,事实也确实如此。

古人最早是用松明燃烧的火光照明,这在早期的遗址中已有发现。如宁夏海原菜园村新石器时代遗址中13号窑洞西壁,发现有多处供插松枝用的孔洞,附近的壁土因火焰的烘烤而变色,这表明室内照明是用松明的。

进入商代,古人开始用点燃动物油脂的灯具。点油脂和燃烧松明不同:一是要有盛油脂的容器;二是须有中心柱,以使火焰不至在油面上蔓延。从出土文物可见,早期灯具与"豆"(器物)相似,甚至"灯""豆"器形难分,这表明,起初古人就是用"豆"盛油脂点燃照明的。

因"灯"与"豆"有关,故早期名称叫"登",也写为"镫"(这种用法大概是指用青铜做的灯)。《楚辞·招魂》:"兰膏明烛,华镫错些",表明战国时期已有"镫"的用法。但是当时还普遍叫"登",见《尔雅·释器》:"木豆,谓之豆(桓)。竹豆,谓之笾。瓦豆,谓之登。"木豆、竹豆用于盛食品,瓦豆(即陶制的豆)则是盛油脂用来照明。

油灯简易、方便,在中国使用的历史很长。直到20世纪70年代末,许多偏僻的农村地区未通上电,仍在使用油灯,有些简易油灯同"豆"的形状几乎一样。

战国玉勾云纹灯,由三块玉分别雕琢成盘、柱、座,榫结为一体

形似"豆"的灯也称为"豆形灯"。豆形灯的立柱,俗称豆把,书名称"檠"。古诗文中常见,如唐代文学家韩愈写有《短灯檠歌》:"长檠八尺空自长,短檠二尺便且光。……一朝富贵还自恣,长檠高张照珠翠。吁嗟世事无不然,墙角君看短檠弃。"韩愈借灯檠的长短讽刺了某些儒生身份改变后的心态。

古代的有檠灯,不全是在檠上安放一个灯盘(盏),也有在檠上分出多枝,如三枝灯、五枝灯、七枝灯等。1976年广西贵县(今贵港市)汉墓出土一件九枝连盏灯,宛如一株枝叶繁茂的扶桑树(见图)。灯的主干为圆柱形,下端做成宝瓶状。主干上分三层向外伸出九条枝干,每枝的顶端托着一个桑叶形的灯盏。最高层顶端是一金鸟形灯盏。

相对于有檠灯,战国后期发展起来的无檠灯造型多样,特别着重装饰观赏效果,既是实用的照明工具,也是华丽精美的工艺品。

无檠灯的主体造型多为人物或鸟兽,已与"豆"没有联系。从出土的灯具可见,古人不仅对灯具造型很重视,对照

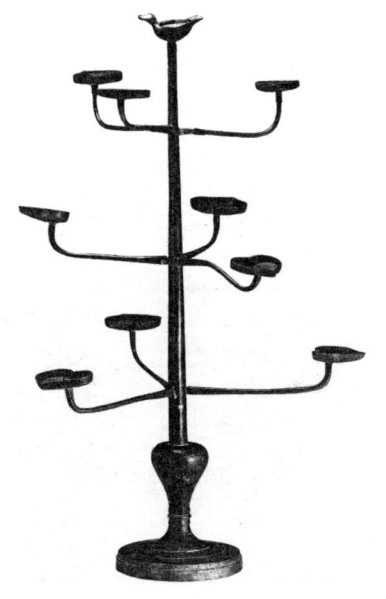

西汉扶桑树形铜灯

明也有了很多研究。如河北满城出土的著名的西汉长信宫灯,其形作宫女跪坐形,宫女左手执灯盘,右臂上举,袖口下垂成灯罩,灯盘可以开合,能随意调整灯光的照射方向和照度的大小。宫女身体中空,头部和右臂可以拆卸,右臂与灯道相通,烟气可以从右臂导入体内,设计极为精巧。这件灯具是分体铸造,加工后拼合组装,制作水平十分高超。

西汉长信宫灯

不管灯具造型如何,古代照明都是利用火的光亮。汉代时,人们开始用带"火"旁的"䔲"指灯具。再后来,"镫"用以指"马镫","燈"与"镫"区别开来。

随着古代灯具的使用,有关"灯"的词语逐渐丰富起来,如"灯火通明"、"灯红酒绿"、"万家灯火"等等。甚至由"灯"引出的故事也广泛流传。宋代陆游《老学庵笔记》记载,有个叫田登的州官,要百姓避讳他的名字,因为"登"与"灯"同音,"灯"就被改称"火"。到元宵节放灯时,州府贴出布告写道:"本州依例放火三日。"由此给后世留下了"只许州官放火,不许百姓点灯"的讽刺。

壬
用途广泛的绕丝工具

"壬",在今常用字典解释为"天干的第九位"。按古字典《说文解字》解释:"象人裹妊之形。承亥壬以子,生之叙也。"这一说法让人摸不着头脑。追根溯源,"壬"其实是一件绕丝或绕线的工具,与先民的纺织技术有关。

"壬"的古字形如下:

甲骨文　　　　　　金文

"壬"为"纴"的本字。

古人在长期养蚕的实践中,逐渐摸索出一套缫丝的工艺。用于织造的蚕丝,必须经缫丝工艺。缫丝,就是把蚕丝从蚕茧中牵引出来，绕在框架上，形成丝绞；而后通过络车整理，按照织造的要求进行并丝加捻，制成经丝或纬丝，以为织帛做准备。根据文献记载和出土文物知，商代时期，这一套工艺已经建立起来，形成了比较完整的体系。

蚕丝因有丝胶黏结成蚕壳，所以缫丝之前，必须把茧子放到热水中浸煮，使丝胶软化，让蚕丝解舒，在丝绪浮起后，再依次进行索绪、集绪和绕丝等步骤的操作。

绕丝用的工具，最初不会复杂，但也不可能只是个木棍。推想应该是类似I字形的木架。这种工具看起来简单，但在古代用途十分广泛，可用于绕丝、绕线和绕绳。直到今天，放风筝时也常用到这种I形的线拐。

中国古代常用"乱"字代表治丝。如：《尚书·顾命》"其能而乱四方"，《尚书·周官》"制治于未乱"。其中两个乱字，虽然所论的都是政治大事，而考其本源，却都是从治丝的意义派生来的。

"乱"的繁体"亂"，其左半为𤔔。近代学者杨树达研究认为，𤔔从幺，即古文系的简化，I位于幺的中间，就像用器具收丝的形式。𤔔字上下从爪从又，爪、又都是手的形状，所以𤔔字表现的就是治丝者一手持I形木架，一手绕丝的模样。（参见陈维稷主编：《中国纺织科学技术史（古代部分）》，科学出版社，1984年，第51页）由此可见，I形绕丝架在象形文字时代就有了。甲骨文、金文"壬"字象形，后来演变的篆书"壬"，应为纴或轾的本字。

金文"鬺"字

为了增加绕丝效率,I形绕丝木架在使用中有发展变化。1979年,在江西贵溪崖春秋晚期墓中发掘出一批纺织工具,其中有几块平面呈I形的绕线板,长度为62到73厘米,用整块木料制成,外表光滑。另外还有绕线框一件,整体像X形,中间交叉处用竹钉拴住,两头则用榫头嵌入,制作十分讲究,长度约37厘米(见下图)。X形绕线框可以活动,便于把绕好的丝脱下而成一束束丝绞。《诗经》中有"抱布贸丝"的诗句,反映出丝绞在当时已是一种流通商品。

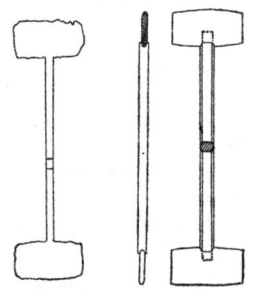
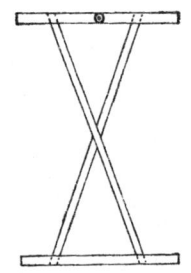

春秋时期I形绕线板　　　　春秋时期X形绕线框

由此看"壬",形状很简单,原本是一件绕丝的工具。再看《说文解字》的解释:"壬,位北方也。阴极阳生,故《易》曰:'龙战于野。'战者,接也。象人裹妊之形。承亥壬以子,生之叙也。与巫同意。壬承辛,象人胫。胫,任体也。"读后百思不得其解,让人如堕五里雾中！真是"尽信书不如无书"。有人搞研究若是尽信古书,照抄照讲,难免自己也跟着糊涂。

"壬"的事例提醒我们,搞古文字研究要结合古人的生活境况、劳动实践想一想,很可能一个古字,就是某件工具的象形,反映了古人生活和劳动的需求。

专
捻丝工具"纺专"

专,如今是个常用字,以它组成的词很多,翻检词典,见其基本义有二:1.表示集中在一件事上,例如专心、专门、专业;2.表示独自掌握和占有,例如专制、专利、专卖。然而,追溯"专"字起源,本义却非如此。

专,繁体为"專",其甲骨文象形,指的是"纺专",即古代用于捻丝的工具。

"专"的古字形如下:

甲骨文　　　　　　　篆文

专，按古老的字典《说文解字》释义："专，纺专。"今有学者认为，"专""本义是牵牛"，这种说法缺乏理据。

由专的繁体"專"不难看出源流关系。从甲骨文的描画看，上面是三根纤维（是多根纤维的简约形式），中间是缠绕在杆上的纱球，下边是圆形的纺轮，一侧是手（写为"寸"）。可以想象，随着转动，多根纤维便会捻成一股，缠绕在杆上，越缠越大。

根据考古发现知道，早期用于处理麻类纤维的器物叫纺坠，其主要部分是纺轮，大约出现于一万年前。

在河北磁山新石器时代遗址，已发现距今约七千年的纺轮。在年代稍晚些的浙江余姚河姆渡遗址、陕西西安半坡遗址等处也发现多只纺轮。发现数量最多的，是青海乐都柳湾遗址，一次出土有一百多只纺轮。

纺坠是利用本身的自重和连续旋转而使用的工具。商周以来叫纺专（纺塼）、线垛、旋锥，在近代各地农村，也叫捻坠、绳拨子等。

陶纺轮（陕西西安半坡遗址出土）

纺坠的形式有两种：一种是单面插杆，一种是串心插杆（又分鼓形、算珠形）。

纺坠是在用手搓转和捻合纤维的基础上产生的，最初可能只是坠拉纤维的木棍，后来为便于绕纱，又加上一根横的短木棒，以充捻杆兼绕纱棒。进一步，为增加转动的稳定性和速度，横棒改为小圆盘，成为"中"的形式。

所说的圆盘，在新石器时代早期是用石片打磨成的，外径较大，偏厚重。新石器时代中期，多用黏土专门烧制，外径缩小，已偏轻薄，有的还加上纹饰和彩绘。

纺坠的使用分吊锭、转锭两种方法。

吊锭就是把纺坠吊起来使用。先把松散的纤维放在高处，或抓在左手中，从其中扯出一段纤维，以手指捻合成纱，与捻杆上端连接，而后捻动捻杆的一端，带动纺坠在空中旋转。同时不断地从手中释放纤维，使纺坠一面转动，一面下降。待纺成一段纱后，及时上提，用手把纱缠在捻杆上。

转锭法与吊锭法大致相似，不过只适用于串心插杆。转锭的捻杆比较长，圆盘一律置于捻杆的中部。加捻时，把准备加捻的纤维掌握在左手中，同时把纺坠斜倚在腿上，引出一段纤维与捻杆上端连接，以右手搓动捻杆（圆盘以上部分），而后用手将已纺好的纱缠起。近代一些少数民族地区还保留有这种方法。

纺坠的结构虽然简单，但已具有现代纺机上的纺锭的部分功

纺专使用示意图

能,既能用之加捻,也能起牵伸作用。今天看起来它好像微不足道,但是符合科学原理,操作简便易行。正是在纺坠的基础上,古代发明出原始纺车,提高了纺织技术。

古文字"专",取像于手转纺轮,故可以引申表示"转动"之意,后再加偏旁"车"造"转"字,专门表示转动。在汉字中,以"专"为偏旁的字多有盘旋、转动、转送之义,如抟、传等。

手转纺轮纺纱,离散的纤维被集中于一束,不再杂乱,所以"专"很自然被古人用于"集中于一点"的意思,引申出专注、专心、专一的含义。

值得注意的是,古代的"专一"与现代的"专一"在词义上有所区别,如《史记·孝文本纪》:"今大臣虽欲为变,百姓弗为使,其党宁能专一邪?"这里的"专一"有"专擅"或"独断独行"的意思。

磬

用石材磨制的打击乐器

磬,中国古代的一种打击乐器,以石块磨制而成,发清越之声,演奏时常与青铜铸造的编钟相配,故有"金声玉振"之说。磬出现于新石器时代晚期,初始极为粗糙,形制也不规范,经逐步地改进,形制确定,到战国时磬的制作已非常讲究。

"磬"的古字形如下:

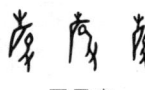

甲骨文　　　　　　　　篆文

从甲骨文看,"磬"的左半像悬挂的石磬,右半像人手拿一个小锤在敲击。

磬是一种古老的打击乐器,用石材磨制,故"磬"字从"石",古字典《说文解字》释义:"磬,乐石也。"

磬的出现可追溯至新石器时代晚期,考古发现当时用普通石块做成的无固定音高的磬。《尚书·益稷》记载:"击石拊石,百兽率舞。""拊"是拍的意思,听到击石拍石的声音,百兽能跟着起舞。这个说法显然夸张了,但可知所说的石头是专门制作的,能发悦耳的声音,大概就是石磬之类。

磬最初制作粗糙,形状不规范。经逐步改进,其形制确定。从出土实物看,殷商时代的磬,基本形状是上呈弧形,下近直线;西周时的磬,上作倨句(即成一角度)形,下作微弧形;战国时的磬,上下多均作倨句形(大约135°)。这表明磬是从无规范到有规范,逐步发展来的。

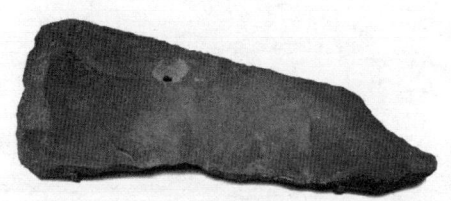

夏二里头文化石磬,长66.8厘米,宽28.6厘米

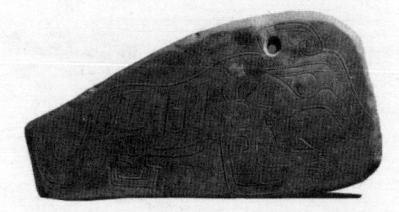

商代虎纹石磬,长84厘米,宽42厘米,厚2.5厘米

清代《钦定书经图说》所载泗滨浮磬图

有单独悬挂的磬,称为"特磬",特磬多用来定音。若是大小不同的磬按顺序悬挂在一个木架上,这称为"编磬"。编磬的数目不一,常见的是16只一架。

磬的各部位名称如图所示。约成书于战国初期的手工艺著作《考工记》最早记述了磬的形状、规范和调音技术。《考工记·磬氏》写道:

磬氏为磬,倨句一矩有半。其博为一,股为二,鼓为三。叁分其鼓博,去一以为鼓博;叁分其鼓博,以其一为之厚。

大意是说,制作磬,顶角的度数为一矩半(135°),取股宽为一个单位长度,则股长为两个单位长度,鼓长为三个单位长度。鼓宽是股宽的三分之二,以鼓宽的三分之一作为磬的厚度。

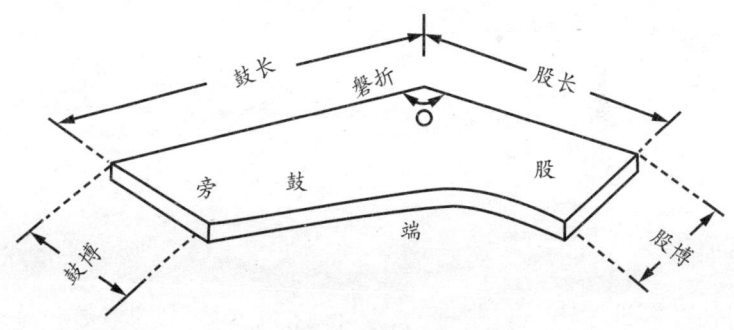

磬的各部位名称

从出土的春秋战国编磬的大小、厚薄及其发音高低关系看,当时的工匠已认识到,磬越大、越薄,其振动发声越低;磬越小、越厚,其振动发声越高。根据这种振动的一般知识,《考工记·磬氏》提出了磬振动的调音技术:"(磬音)已上,则摩其旁;已下,则摩其耑(端)。"所说"已上",是指发音太高,也即振动频率过高;"已下"指发音太低,也即振动频率过低。发音太高的磬,要使声音符合要求,就要锉磨磬的两旁,使其相对厚度变薄。发音太低的磬,则要锉磨磬的两端,使其相对增大厚度,发音即可增高。这一调音技术,表明战国时期的工匠已清楚石板振动的一般道理。

  1978年在湖北随县曾侯乙墓出土大量珍贵文物,其中有编磬32件,是用石灰岩、大理岩石料磨制而成。它们形制相同,大小有别。重新复原的编磬能演奏出美妙的音乐。

鼎

气象宏大的国之重器

"鼎"是古代最重要的器物之一。最初用作炊具,后来功用扩展,也用作礼器和权力象征。进入青铜时代,鼎铸造精美,器体重大,地位显赫。先秦时期的鼎传世或出土的大都是珍贵文物。与"鼎"相关,古代也衍生出一批词。

"鼎"的古字形如下:

| 甲骨文 | 金文 |

从字形刻画看,"目"为"鼎"腹,上出者为耳,下出者为足,有鲜明的特征。

崧泽文化陶鼎

鼎,从制作粗朴、日常生活用的陶器,到铸造精美,专用于祭祀、礼仪等场合的青铜重器,其间经历了一个漫长的过程。

大约一万年前,先民开始用泥土烧制简单的陶器,用陶罐、陶盆装水或煮食物。先民在实践中观察到,在陶罐的底部加上三条腿可以起到支撑作用,而且烧火更为方便。这就启示先民,用陶泥直接做出带三条腿的罐或盆,这种形式的陶器就是原始形态的鼎。

夏代出现青铜冶炼,逐步地,古人仿照早期的陶鼎铸成青铜鼎。青铜鼎多为圆形,三足两耳,后来形制演变,兴起方形四足两耳的鼎。

鼎最早只是用作炊具,使用中功能逐步演化,先是用于祭祀和宴飨,到周代时,使用的数目代表不同的身份等级:天子九鼎,诸侯七,卿大夫五,士三。

传说夏禹收九牧之金铸九鼎于荆山之下,以象征九州,并在上面镌刻魑魅魍魉的图形,让人们警惕,防止被其伤害。自从有禹铸九鼎的传说,鼎也演变为传国重器。夏朝灭,商朝兴,九鼎迁于商都亳京;商朝灭,周朝兴,九鼎又迁于周都镐京。历商至周,都把定都或建立王朝称为"定鼎"。

汉代以后,鼎的政治、礼制功能逐渐减弱,鼎更多是作为珍宝收藏。

传世和考古发现的鼎数目很大。过去人们只从文物的角度去鉴赏鼎,近几十年来也重视研究它的铸造技术。虽然就器物的复杂和纹饰的精美,鼎不能与其他某些青铜器相比,但就尺寸而论,先秦时期最大的青铜器非"鼎"莫属,它充分体现了古代青铜铸造的技艺。

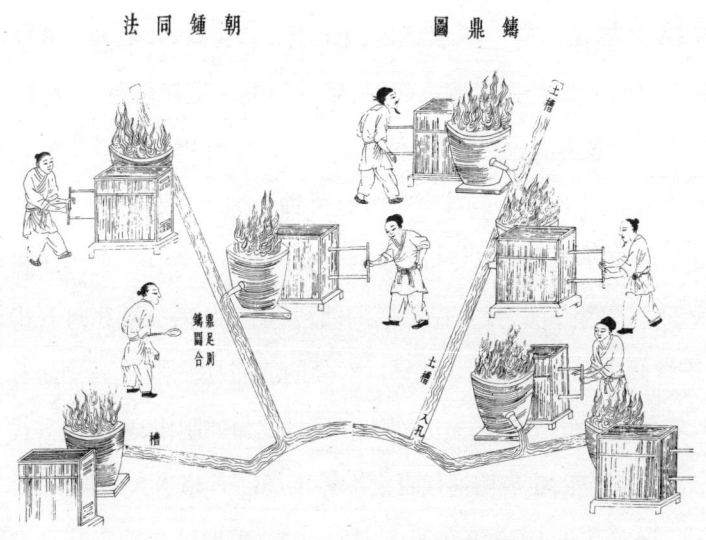

《天工开物》所载铸钟、鼎图

商代后母戊鼎

迄今所知古代最重的鼎是商代后母戊鼎(曾称"司母戊鼎"),这也是目前世界上保存的最大的古青铜器。后母戊鼎呈长方形,深腹,四个柱足。高1.33米,口长1.12米,口宽0.79米,重达832.84千克。它的铸造是先塑造出泥模,然后用泥模翻制陶范,再把陶范合在一起浇铸铜液成型。据估算,当时熔化所用的铜料总重量达1200千克。这么多的铜料当时没有哪种熔炉一次装得下。根据冶金史专家的分析,浇铸后母戊鼎至少要用到6座熔炉。这6座熔炉分为3组,每组2座,分布在鼎模的两边,铜熔化后按顺序打开出铜口,连续倾注铜液而成型。浇铸后对鼎的清理也很麻烦,特别是有宽达十多毫米的铸缝,錾凿费时费工。后母戊鼎的制作,反映出古代工匠的智慧和才能,也表明商代青铜冶铸工场已有相当大的规模。

后母戊鼎于1939年在河南安阳出土,当地民众怕它被日本侵略者抢走,又将它埋入地下,直到抗战胜利后才再挖出。如今,后母戊鼎陈列在北京中国国家博物馆供人们观赏。

中国改革开放以来,随着政治昌明、社会稳定,鼎又作为重要的艺术品或纪念物被重加铸造。

1995年10月联合国成立50周年之际,中国政府向联合国赠送了一件大型珍贵礼物——"世纪宝鼎"。该鼎重1500千克,三足两耳,腹略鼓,底浑圆,四周有商周纹饰,浮雕兽面,云纹填底。整个宝鼎造型古朴浑厚,工艺精巧缜密,被称为夏后氏铸鼎以来的宏伟杰作。

1997年"七一"前夕,为庆祝香港回归祖国,香港青年发起铸造"盛和宝鼎",安置于北京圆明园。"盛和宝鼎"取中和兴盛繁荣和平之意,为四足双耳方形,重1997千克,高2.22米,长2米,宽1.5米。

圆明园中的"盛和宝鼎"

鼎身上部铸有香港区徽紫荆花图案，两侧饰以龙凤呈祥图案。纹饰雄布，更显其庄重、秀丽、威严、豪迈。盛和宝鼎的设计制作集中国考古、历史、美术、书法、铸造名家之大成，使该鼎蕴含极为丰富的文化内涵。

鼎的政治、礼制功能早已消失，而作为珍贵文物仍受到世人喜爱。更重要的是，有关"鼎"的词语已渗入到我们的语言中，如："势成鼎足"、"三足鼎立"、"鼎鼎大名"等，也常简略为"鼎足"、"鼎立"、"鼎鼎"使用；也有"一言九鼎"之说，形容言辞的作用极重。

车
构造讲究的双轮木车

车,本义是陆地上有轮子的交通工具,可以用来载人或运送货物。车的发明对人类社会发展有非常重大的影响。"车"也是一个应用很广的字,翻检字典可知,用车做偏旁构造的汉字多达上百个。

"车"的繁体为"車",其古字形如下:

甲骨文　　　　　　　金文

"車"字像个小型俯视图,是古人抓取特征对古代木制双轮车形状的描画。

经七十多年的考古发掘,迄今已发现了几十处商周时代的古车遗迹。所发掘的古车为解读"车"("車")的古字形提供了实证资料。

商周古车为木结构，双轮，车厢长方或方形，独辕，辕前设横木，称为"衡"，两侧设人字形轭，是系驾马的工具，用轭与靷绳控制马。牵引一般为两匹马，也有的多至六匹。为了牢固，有个别车部件系用青铜铸件。对古车分析可见，其设计合理，性能优良，装饰美观，风格鲜明。

河南安阳殷墟车马坑。辀原本有曲度，长期为土所压变直

从"车"的甲骨文、金文可见，"车"是指用马牵引的双轮木车，在当时是陆地上重要的交通工具。

经过长期的制车技术经验积累，到春秋末期，中国木车的制造工艺达到高峰。约成书于战国初期的手工业技术著作《考工记》，

商代木车复原图

用大量的篇幅对当时的木车制造技术作了详细记载,这部分内容被科学史界认为是世界上第一部有关木车设计、制造的专论。

中国古代木车的结构特征是:两轮、一舆(车厢)、一辀(车辕)、一轴,另外还有一些重要的附件,兹分别介绍如下。

(一) 车轮

车轮是古车最重要的部件,用坚固的硬木制成。车轮圈叫做辋,又称牙。车轮中心的圆柱形部件叫做毂,毂的中心孔叫做薮,用以贯穿车轴。毂的外圆凿有一圈扁状的榫眼,用以插入车辐。

关于车轮的设计,《考工记》有详细的论述,主要是:第一,轮径的尺度要适中(车轮太高,人登车困难;车轮太低,拉车的马就费力,好比时常处于爬坡的状态)。第二,要保证车辐的强度。《考工记》说,车毂上榫眼的深度、车辐截面的宽度、辐与毂相配合的长度应该一致,这样能使车辐"固"和"强"。

关于车轮的检验,《考工记》提出六大检验手段,严把质量检验关。具体是:①用圆规检验轮圈是否正圆;②用标准平板检验轮圈的端面是否平正;③用悬绳检验上下对立的一对辐条是否笔直;④把轮子浮于水,观测各部位的浮沉是否平均;⑤测量轮轴与轮毂的间隙,看毂内外两端的间隙是否相同;⑥用衡器测量两轮的重量是否相等。由此可看出,古代制车技艺是很精湛的。

(二)车轴

车轴是重要的传动部件,它是一根中间粗、两头稍细的横梁。轴支撑着车厢,轴的两头套上车轮,两端穿出毂外,还插有一根叫辖的固定销钉。辖是使车轮定位的重要部件。见《淮南子》:"车之所以能转千里者,以其要在三寸之辖。"辖,后来在字义上引申为管辖的意思,一直沿用至今。

早期的车,毂的外侧端面与起轴向止推作用的辖直接接触。由于辖直接承受轴向推力,导致磨损、报废过快。春秋时期,工匠设计制作了轴向推力轴承。这种轴承呈筒状,套在轴端,并由辖固定在轴上,其内侧有较大的圆环顶住毂端面,以改善轴向推力载荷和摩擦的状况。

(三)车厢

古车的车厢叫舆。其前、侧面以横竖交叉的木条为屏障,后面开有缺口,供乘者上下,前部的扶手叫式(轼)。舆有方形、长方形、六角形等形状,一般还有可拆装的车盖。

古车车厢的精品要数秦始皇陵出土的铜车马的车厢后室。其车厢板系用子母口方式将两块板嵌合成夹层,以滑动方式将窗板推入车厢板夹层内。前窗与后门均用铰链与窗框、门框相连接,时隔两千多年,仍能开闭自如。

(四) 车辕

车辕是驾车用的车杠,是古车的牵引和导向部件。出土文物和文献证明,春秋以前的马车是独辕,从战国开始有双辕车。严格地说,直形的、用于大车(牛车)的叫辕;弧形的、用于战车和乘车的叫辀。辀的前部上昂,前端插上销子和轭相连接,木轭夹在马项上。辀的后端压在车厢下方的车轴上。弧形的辀优于直形的辕,是因为无论马车上坡还是下坡,辀和其他马具都不会妨碍马的行动。

(五) 车的附件

古车还有一些附属部件,如:制动部件叫轫,是刹住车轮的木块。行车时先要将轫移开,所以称启动为"发轫"。将此词义引申,事情的开端也叫发轫。此外,还有车厢内的坐具(席垫),车轫上穿过缰绳的套环,车厢外部是蒙皮、车铃等等。它们都有各自的名称。

"车"字沿用至今,字形未变(指繁体"車"),含义却发生了很大改变。早已不是指双轮木车,在特定的语境下,它可能是指两轮的自行车,或指四轮的小汽车,也可能是多轮的大卡车,或是近些年流行的电动车。

轼

古车中用作扶手的木杠

"轼",如今除了做人名,几乎不见他用,而在古书(尤其是先秦典籍)中,该字常常出现。

"轼"是古代木车的部件,是一根做成"冖"形的木杠,安装在车厢前端,供乘车人做扶手用。特殊情况下,它与车厢两边的扶手也可派上别的用场。

古代名著《左传》中有篇《曹刿论战》的故事,场景生动,富有文采。《曹刿论战》中谈"一鼓作气"的一段文字,写得有声有色,且与"轼"有关:

公与之乘,战于长勺。公将鼓之,刿曰:"未可。"齐人三鼓,刿曰:"可矣。"齐师败绩,公将驰之,刿曰:"未可。"下视其辙,登轼而望之,曰:"可矣。"遂逐齐师。

注意,文中"登轼而望之",如果"轼"是扶手,此处如何理解"登轼"?一根木头能踩得住、站得稳吗?

为了说清楚"轼"的位置,需对古车的车厢做些介绍。

车厢称"舆",大多是长方形,其宽称"广",长(或深)称"隧"。关于舆各部构件及尺寸关系,在先秦手工业技术著作《考工记》中有明确记载:

舆人为车。轮崇、车广、衡长,叁如一,谓之叁称。叁分车广,去一以为隧。叁分其隧,一在前,二在后,以揉其式。以其广之半,为之式崇;以其隧之半,为之较崇。……

文中"式"即为"轼"。"较"(音读觉),指车厢左右两旁的扶手。

引文的大意是,制车厢的"舆人"制作车厢,车轮的高度,车厢的宽度,衡的长度,三者相等,称为叁称。以车厢宽度的三分之二作为车厢之长。将车厢长度三等分,三分之一在前,三分之二在后,将式揉(安装)到这个位置。以车厢宽度的二分之一作为式的高度,以车厢长度的二分之一作为较的高度。通过这段文字可知轼在车厢中的位置及高度。

古籍中常有"轼"的记载。见《论语·乡党》:"凶服者式之。式负版者。"意思是,(在车中)遇见穿丧服的人,要手扶着轼,身子向前倾(表示同情);遇见背负国家图籍的人,也要手扶着轼(表示尊

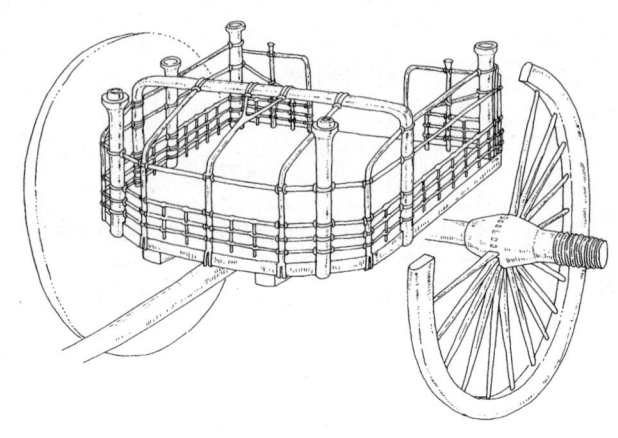

春秋时期木车中的轼

敬)。又见《礼记·檀弓下》:"孔子过泰山侧,有妇人哭于墓者而哀,夫子式而听之。"进一步,对所尊敬的人居住的地方也要轼,《史记·魏世家》记载:"文侯受子夏经艺,客段干木,过其闾(里巷的大门),未尝不轼也。"大意是,(子夏的学生)段干木是位贤人,魏文侯想求见他,登门拜访,段干木总是回避,文侯并不见怪,仍以礼待之,乘车过里巷大门常凭轼致敬。

话再说回"登轼而望之",如果轼是车厢中用作扶手的横木,能踩在上面站立且站稳吗?

前面已说到车两旁的扶手叫"较",实际有时也称"式"。为了区别,横在前面的轼叫前式,曲在两边的较就叫旁式。古人书面语简洁,常用一个"轼"概之,既包括前面的扶手,也包括两旁的扶手。清代学者江永在《周礼疑义举要》中指出:"军中望远,亦可一足履前式，一足履旁式。《左传》长勺之战，登轼而望，是也。"由此可知，曹刿登轼，两脚一前一后，高低虽有不同，但确实能站得住，立得稳，当然望远也就不成问题了。

舟

独木制成的船

舟,古书中用以指"船"时,不区分大小、结构。诗文中"轻舟已过万重山","沉舟侧畔千帆过","顺水推舟",指的就是船。而实际上,舟的初义是指独木舟。

"舟"的古字形如下:

甲骨文　　　　　　金文

"舟"为象形字,是简单的小船样子。

考古发现表明,古人制作、使用独木舟的历史至少已有七千年。

关于独木舟的发明者,古籍说法不一。《周易·系辞下》记载:

"黄帝、尧、舜……刳木为舟,剡木为楫。"《墨子·非儒下》记载:"巧垂作舟。"《山海经·海内经》记载:"淫梁生番禺,是始为舟。"

其实,独木舟不可能是上古时代某一个人的发明(其他生产、交通工具的发明也类似)。原始工具往往是先民在长期的生活和生产中,根据实际需要逐渐制成的。由于当时交通非常不便,一种工具不会在较大范围内传播,因而重复创造难以避免。这也就是古文献记载产生较多"异辞"(不一致的说法)的原因。

制作独木舟,是古人通过对自然现象的观察受到启发,古籍所载"古者观落叶因以为舟"(《世本》),"见窾木浮而知为舟"(《淮南子·说山训》),就反映了这种认识。

仅仅是对物体的浮性有一些认识,并不能造出独木舟,必须要有一定的工具条件。进入新石器时代,先民使用的工具较先前有很大改进,制作的石斧、石锛锋利、实用,同时加上用火,就使得造独木舟成为可能。尽管这样,在当时的条件下,造一只独木舟也绝非易事。

"刳木"是制造独木舟的方法。"刳"是剖开、挖空的意思。由于木质坚韧,单用石斧刳木很不容易。古人巧妙地把火用作造船的手段。一根树干,除了要挖掉的地方,其余表面都涂上一层厚厚的湿泥,然后用火烤要挖掉的部分。有泥处木头烧不掉,保存下来;无泥处木头被烧成一层炭,这时再用石斧砍。火和石斧轮番使用,层复一层,终于造出最原始的船。独木成舟,浑然一体。

独木舟的成功制造,是人类历史上的一件大事。有了独木舟,人们的活动范围扩大了,从此可以跨越水域,开拓新的天地,由此也促进了古代生产的进一步发展。

新中国成立以来,考古发现了不少古代的独木舟。如江苏武进淹城遗址先后出土了几只独木舟,有一只长达11米,宽90厘米。还有一只尖头敞尾,看上去似乎只是半只,实际上却是一只完整的独木舟。敞尾,没有尾封板,造起来容易,船靠岸时,上下船也很方便。船行时由于人靠前乘坐,头重尾轻,敞露的船尾便翘在水面上,并无进水之患。这种独木舟是别具一格的类型。在福建连江还发掘出一只长7.1米、方头方尾的独木舟,是用樟木制成的,舟表面有明显的火烧和石刀劈的痕迹,这是当时制作方法的印记。经专家鉴定,这只独木舟是新石器时代的产物。

早期的独木舟简陋,凹槽小,稳定性也不好。后来的独木舟为了增加负载空间和稳定性,所挖的凹槽逐渐增大,舟壳的厚度逐渐

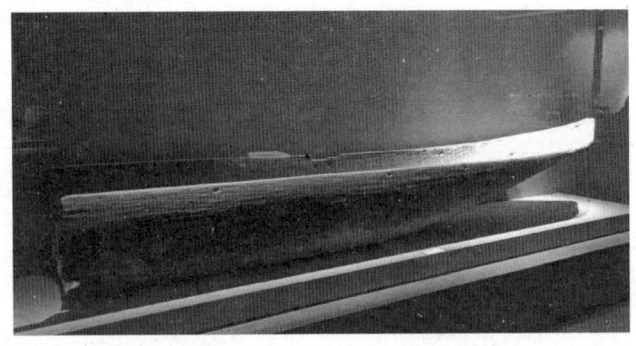

淹城遗址出土的春秋早期独木舟

减小。舟壳变薄会影响横向稳定,古人便发明了横梁加固的方法,在舟上加几道横梁作支撑,这样既增加了舟体的结构强度,又可供人乘坐。"舟"字的甲骨文就是对这种形状的描画。后来,舟的横梁上又加铺甲板,板下为舱,板上造上层建筑。后世的船舶工艺就在这个基础上发展起来。

独木舟以整个树干制成,严整无缝,不会漏水,不怕松散,而且加工简单容易,因此在木板船发展起来以后,独木舟仍然存在。有的地方还把两只独木舟连在一起,构成双体独木舟。

独木舟由于方便、实用,今天在中国西南部的少数民族地区和大西洋中的一些岛屿上仍被用作交通工具。在体育运动中,单人划艇(完全可看作独木舟的演变)也是一项非常刺激的项目。

帆

利用风力行船的篷

帆,即挂在船桅杆上的布篷。古代先有船,而后有帆。借风用帆,船速大大提高。最初的帆简单,就是一块草席之类。随着生产的发展,帆变得讲究,操纵也逐渐复杂起来。

"帆"的古字形如下:

甲骨文　　　　　金文

"帆"的古字形,像是风力将(挂帆)绳索吹弯之形。

帆,是利用风力行船的篷,其含义古今一致。早期还没有布,帆也就是草席之类。"帆"字从"巾"是后起。

东汉时期,帆的使用已比较普遍。学者刘熙在他编撰的《释名》中解释:"帆,泛也,随风张幔曰帆,使舟疾泛泛然也。"可知,帆在当时已是船上常备的装置。

早期的帆是不能转动的,只能顺风而行。风不顺就要落帆划桨,但河海上航行一帆风顺的情况是很少的。"风有八面",落帆总不是办法。在斗风过程中,古人发现,如果风从侧面吹来,只要把帆转动一下,使之与风向成一角度,帆面就会受到推船前行的风力。如图所示,侧向风W吹向帆AB时,风力将分解为L、D。L方向上的力可成为船行的动力,其分力T是起推动作用的。同时风也推船做横向移动,如图(1)分力S所示。在这种情况下,只要利用舵使船头稍稍迎着风向,就可以抵消横向移动的影响。甚至在逆风中,可以把帆转到最大角度——纵向,并通过走"Z"字形航线使船前进,如图(2)所示。比如,船迎着北风向北航行,就轮流朝西北和东北方向开。走"Z"字形航线,总体上是顶风,而在每一折线中却又把顶风转化成了侧风或前侧风。

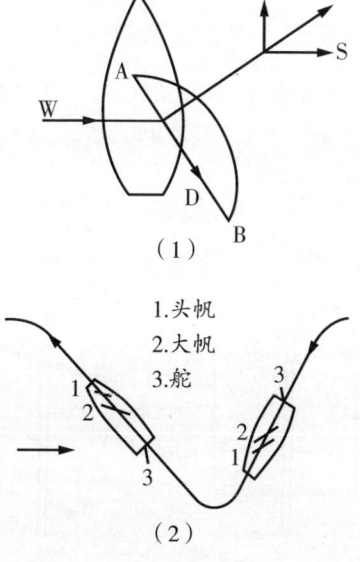

帆受风力(1)和逆风行船或调戗(2)图示

帆从不能转动到能转动,从"死"帆变"活"帆,这是一个大进步。汉代,我国南方水上船只已有能转动的帆。三国时代,吴国丹阳太守万震著《南州异物志》一卷中写道:"随舟大小或作四帆……其四帆不正前向,皆使邪移,相聚以取风吹。风后者激而相射,亦并得风力,若急则随宜增减之。"万震说得很清楚,帆不是正向前方,而是转至一个角度,帆的总面积是随着风力的大小而增减的。

帆在发展中形式也变得多种多样。如图(1)所示,帆起先是对称地挂在桅上,桅两边的帆面积相等,所受的风力也均衡,这对顺风航行自然有利。但当遇到侧面风或逆风,需要把帆转到某一固定角度时,这种对称布置的帆就操纵不灵。而把帆偏向一边,如图(2)所示,使短的一边迎风,这样,风压力中心落在帆宽的一边距桅杆不远处,依靠系在宽边上的"缭丝",便可很方便地控制帆的角度。图(3)所示是古代劳动人民创造的一种纵帆。这种帆在桅前后面积的比例,可使风压力中心处在桅后而又距支点(桅杆)很近,

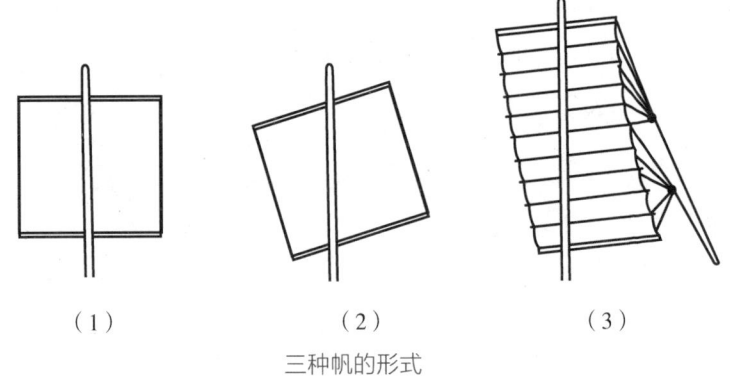

(1)　　　　　(2)　　　　　(3)

三种帆的形式

从而使帆的转动比较省力,因此这种帆又称"平衡纵帆"。它的出现,标志着古代船只逆风航行达到了成熟阶段。

宋代时,我国船舶的驶帆技术已臻完善。宋人徐兢在《宣和奉使高丽图经》一书中,记载当时的海船上"大樯(即桅)高十丈,头樯高八丈,风正则张布颿(帆的异体字)五十幅,稍偏则用利篷,左右翼张,以便风势。大樯之巅,更加小颿十幅,谓之野狐颿,风息则用之。……大抵难得正风。故布帆之用,不若利篷翕张之能顺人意也"。从文中可以看出,宋代海船上既有如图(1)形式的帆,供顺风时使用;也有如图(3)形式的帆,供侧风或逆风时使用;风小时,还能用挂在桅杆上的"野狐颿"招风。海船上帆种类繁多,各有其用。

事物都有两重性,有其利必有其弊。船上篷帆增多,固然可以更充分地利用风力行船,但帆多也使操作复杂。特别在遇到暴风骤袭时,如不能及时将帆卸下,就有桅折船翻的危险。所以,古人又在实践中不断改进篷帆设置。到15世纪,我国帆船上的篷帆趋于简化,大多数船仅有两根至三根大桅,即使是长达60米、载重几百吨的大船,也只设置两至三根大桅,外加两三根小桅。每一根桅上仅挂一面帆,桅顶的"头巾顶"和帆下面的"篷裙"也逐渐不用。

10~13世纪,我国木帆船"八面驶风"的技术已臻完善,运用自如。而欧洲帆船达到这个水平则比中国晚了三百多年。

有了帆,航行中增添了风景,词语也为之丰富,如"渔帆点点"、"千帆竞发"、"孤帆远影"等等。最为人熟悉常用的莫过于"一帆风

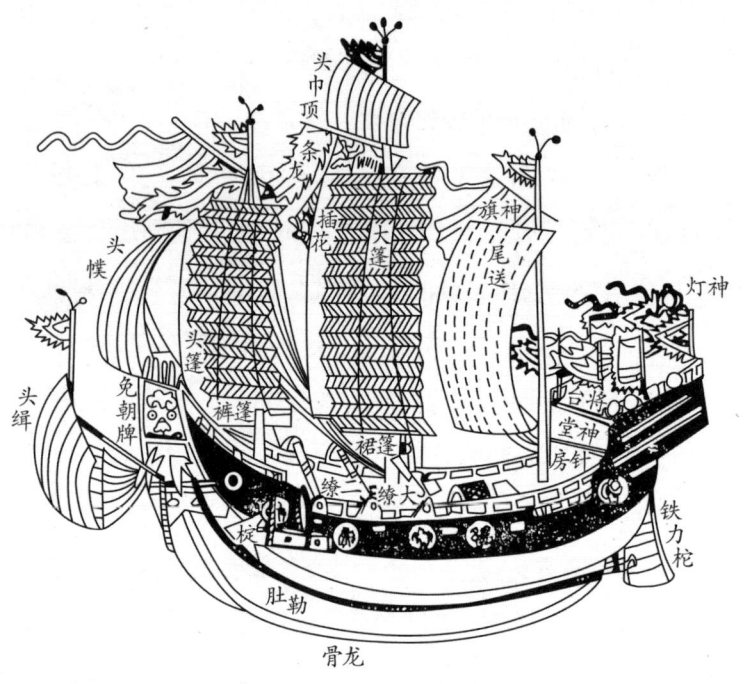

古代帆船上的设备名称

顺"了,它本是对航行顺利的描述,而今更多地是用作对友人旅途平安的祝福。

刀
从石刀发展而来的基本工具

"刀"是常用字；以"刀"做偏旁的字有一批，例如刃、削、利、刚、刻、则等等。刀是生产、生活中的基本工具，对此人们十分熟悉。今天的刀大都用钢制作，而远古时代却不是。最早的刀以石片为材料，而后才逐渐有了青铜刀、铁刀。刀的材料、形制变化，从一个侧面反映了技术演进的历程。

"刀"的古字形如下：

甲骨文　　　　　　　　金文

"刀"的古字像青铜刀之形。

刀作为生产、生活的基本工具，人们非常熟悉它。今天的刀大都用钢为材料，而远古时代却不是这样。你能想象用石头做的刀吗？

大约一万多年前，人类由旧石器时代转入新石器时代。在打制的基础上，石器再经过磨制加工，可以做得非常精细。

石刀是新石器时代的产物。不要以为年代久远，石刀的样子一定粗陋，你若见到出土的实物，一定会惊讶不已！

以安徽潜山薛家岗新石器时代晚期遗址的石刀为例，这里出土的多孔石刀，孔眼多至9孔、11孔、13孔。这些孔眼的距离匀称，两面契合，并整齐地排列在一条直线上。有的石刀孔眼处还绘有红色花果形图案，构图严谨，线条流畅，表现出优美而特殊的风格。

专家观察分析，薛家岗出土的石刀，绝大多数选用片岩制成。片岩形状扁平而有规则，并有天然纹理，是制作石刀的好材料。当时人们采来片岩后，先按纹理劈开，加以打制，使之成为刀坯；然后加工修整，使之出现刃锋；再经通体精磨，制成背部较厚、刃部较薄，一头较宽、一头较窄的石刀。石刀钻孔用"管钻法"，即以竹管或骨管作为钻头，并在钻孔处加上潮湿的

薛家岗遗址9孔石刀，长43厘米

沙子，以加大竹管或骨管转动时的摩擦力。除较短的石刀只钻一孔外，其余根据刀的长短，在中点钻第一孔后，分别在它的两侧两两对称地钻成3孔、5孔、7孔、9孔、11孔、13孔以奇数排列的石刀。

带把柄的刀我们熟悉，无柄片状的多孔刀做什么用呢？令人费解。有学者认为是收割工具，也有学者说是劈东西用的，还有人说是编织工具。说法不一，尚无定论。

当然，也有很多石刀一看就知道是切割用的。

随着技术的发展，先民尝试用铜料制作刀。早期的铜刀十分粗陋，但它比石刀坚实耐用，所以发展就有生命力。经过不断改进，青铜刀制作脱离粗陋，趋于精美，而且根据用途有了不同名称。

如称作"削"的刀，是专为刮削竹木用的。从周到秦汉，文字多写在竹简和木简上，写错或删改时，要用刀将原来的字迹削去或刮去，"削"就是用来刮或削竹木简的刀，所以也叫做"书刀"。

"削"的形状是凸背凹刃，而"刀"的形状是凹（或平）背凸刃，这是两者的区别。

春秋时期的"削"

字典里从"刀"的字有一批（"刀"在右旁多写成"刂"），典型如刃、利、则等，这些字如今使用得都很频繁。

刃，在刀口上加一指事符号，表示刀锋之所在，为指事字。如"游刃"指运转刀锋，"游刃有余"本来指宰牛时刀刃在骨缝间自由运转，仍有回旋余地。今常用来比喻技艺纯熟，办事轻松利落。

"利"是锋利的意思，常用来形容用以切割的武器或工具的锋利，如古文说"利兵"，就指锋利的武器。实际用以刺、击的武器，只要有刃，也可用"利"来修饰，如《韩非子》："(楚人)誉其矛曰：'吾矛之利，于物无不陷也。'""利"后来有比喻、引申用法，表示尖利和快速，如说"利舌"、"利足"、"利马"、"利炮"等。

则，按古代字典《说文解字》释义是"等画物也"。"等画物"就是按照一个标准来刻镂器物，金文字形见下。后来的"贝"系"鼎"的讹变，文字学家多认为"则"的古字像依样刻鼎的形态，在上的鼎是比照的器物样式，在下的鼎是比照器样做出来的模型母胎，从刀表示对它照器样进行整形刻饰。(参见王凤阳：《古辞辨》，吉林文史出版社，1993年，第432页)"则"所比照的器样之义抽象化后，就形成后来的标准、典范义了。

金文"则"字

刀是人们所熟悉的工具，因而由"刀"组成的短语也为人所习用，如：说"快刀斩乱麻"，比喻果断而迅速地解决不易解决的复杂问题；说"磨刀不误砍柴工"，比喻做好必要的准备，可以更好地工作;说"好钢用在刀刃上",意思是重要的人或设备要用在关键的地方;说"刀山火海",本来比喻极其危险、残酷的境地,若用在日常语言里调侃,却有了幽默之趣。

弓

"弓"中为何多道弯

弓为人们熟悉,它是古代战争中的重要武器,今天拉弓射箭已转化为有意义的竞技项目。以"弓"为偏旁的字有一批,例如:强、弱、张、弛等等。

"弓"字象形,古人用弓,平时松下弦,战时张紧弦,故甲骨文中"弓"对应有两个字形。注意:不管"弓"的哪一字形,中间都有道弯,这是为什么?

"弓"的古字形如下:

甲骨文　　　　　　　　金文

弓的起源很早。考古发现,在距今约三万年的山西峙峪文化遗址中有石镞,这表明当时先民已经使用弓。早期的弓为竹或木制,易朽难存。虽没有实物可寻,但可以想象,最初的弓与今天小孩子玩耍做的弓,实际形状以及原理没什么两样。将一根竹片或树枝条弯过来,用一段绳子系紧,拉住两端,便做成了一张弓。这种弓,大致是个半圆形,再确切点说,是段圆弧形。

现代的"弓"字是个象形字。在商代甲骨文中,已有"弓"字。为什么"弓"字多曲折,而不是一段圆弧呢?前者比起后者,在中间多了一道弯,而这一道弯,非常有讲究,可以说,它是古代制弓技术的一大进步,是一个有标志性的进步。

弓的中间为什么要弯一下?由现代力学知识知道:一根直的竹材可以想象是由许多薄竹片一层一层粘在一起的。当竹材弯成弧形,外层竹片伸长,内层竹片则压短,这时,外层竹片受拉力,内层竹片受压力。拉弓的劲越大,竹材弯得越厉害,当力达到不能承受时,就会出现裂纹甚至折断。为了让竹材承受较大的弯力,而外层不致裂开,于是古人想到,将竹材向相反的方向预先弯一下,使外层先受些压力,内层先受些拉力。等到使用弓的时候,外层受拉,内层受压,便可从内部先抵消一些力,而使弓承受的力增大,这样,"弓"的样子就形成了。先向反方向弯一下,用现代的工程术语叫做"加预应力"。

先弯一下会产生预应力,这种方法在古代最先应用于制弓。早期的记载不详,宋代时著名学者沈括在《梦溪笔谈》里做了有关的记述,就论述弓材受力和怎样增强弓材力量的方法,书中总结得很精辟,说:"(弓)揉其材令仰。""揉"意思是"弯曲","令仰"就是"向相反方向弯一下"的意思。这样制作的弓,力量就大了。出土所见战国时代的弓,中部正是向内弯的,说明当时制弓工匠已懂得预应力的应用。

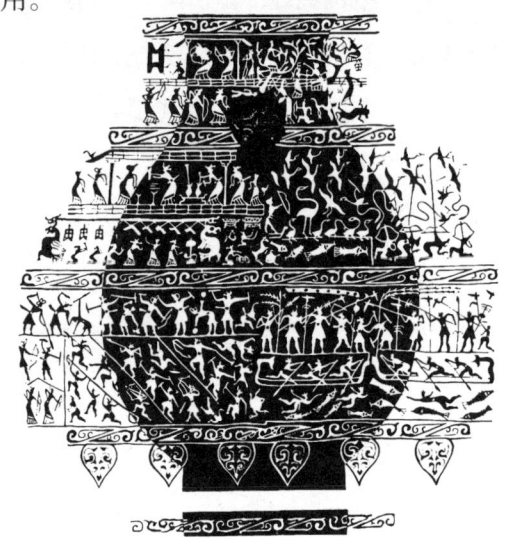

战国宴乐渔猎攻战纹图壶展示图,从图像上可以看到弓当中的弯

春秋战国时期,制弓技术达到很高的水平。约成书于战国初期的《考工记》,详细记载了制弓所用的材料和制作工艺要求。"弓人为弓。取六材必以其时"的六种材料是:干(柘、檍、檿桑、橘、木瓜、荆、竹)、角(牛角)、筋、胶(鹿胶、马胶、牛胶、鼠胶、鱼胶、犀胶)、丝和漆。对每种材料都规定了明确的选择标准。弓的制作工艺真

制 器 | 149

《天工开物》所载试弓定力图

是非常讲究。冬天做弓干，春天浸治角，夏天治筋，秋天把三者用丝、胶、漆合起来做成弓体。入冬后把弓体放置于弓匣之内以定体形。来年春天再装上弓弦检验。制作一张良弓前后达三个年头，工艺之精，费时之长，令人赞叹称奇。

由于中国古代的弓早已不是圆弧形，故诗人比喻天上的残月，很少用"弓"，而大多用"钩"。如说"月如钩"，"一钩初月临妆镜"等。钩是圆弧形的，月牙像其形。

而在日本语中，"弓张月"一词是"弦月"的意思，弦月以"弓"命名，此似可意味着古代日本的弓，就没有那一道"弯"。希腊爱基那岛庙（约公元前480年）庙顶上有一艺术雕像：一个战士在射箭。他右腿跪，左腿前曲，左手执弓，右手拉弦，强壮有力，十分生动。战士所执之弓，清清楚楚，中间部分就没有"弯"，此也可说明古希腊时期尚未发明有预应力之弓。

公元前9世纪表现狩猎场面的亚述浮雕，可看出所用的弓中间部分没有"弯"

矢

字形含箭镞、箭杆和箭羽的箭

矢,也即今天说的"箭",是古代战争中消耗量极大的"子弹"。矢,包括头、杆和尾羽,其甲骨文字形反映俱全,后来字形演变,看不出所指。

"矢"的古字形如下:

甲骨文　　　　　　　　金文

箭起源很早。最初的箭大概就是一根削尖了的树枝或竹子,形制很简单。后来将尖形的石块或骨块作为箭镞,安在木杆的头部,这样就成为带有石镞、骨镞的箭。

据考古资料知道,中国是世界上最早发明和使用箭的国家。1963年,在山西峙峪遗址(旧石器时代晚期)发现一批加工比较精细的小石镞,经测定,距今已约三万年。小石镞用坚硬而易劈裂出刃口的薄燧石片制成,一端具有锋利的尖头,与尖端相对的底端两侧经过加工,形成镞座,呈凹形,用以安装箭杆。从小石镞的加工技术分析,古人最初使用箭的年代可能还要早些。

箭出现后,制作技术不断改进。为了使箭在飞行时克服空气的影响,保证飞行方向,古人在箭杆的尾部装上羽毛(称箭羽),使箭的形制趋于完善。青铜冶炼产生后,箭镞又改用青铜制成。从郑州商代遗址和安阳殷墟出土的大批铜镞来看,商代的箭在制作技术上已有较高的水平。

新石器时代石镞

矢在古代作用重要,因而有些字也与之关联。如"至",字形就像矢中靶或矢远来落地的样子,故读为"至",也即到的意思。又如"侯",很像矢射侯(箭靶)之形。

甲骨文"至"字　　　　　　　　甲骨文"侯"字

战国时期,箭的制作技术进一步提高,箭镞形式种类增多。以双翼、三棱形为主,有些还有倒刺。箭的制作和用途也都有了明确的规定,分枉矢、絜矢、杀矢、鍭矢、矰矢、茀矢、恒矢和庳矢八种,《周礼·夏官》叫做"八矢"。枉矢、絜矢是专供战斗用的,又叫做兵矢,通用于攻守城战斗和车战。这两种箭可以在其颈部(箭镞和箭杆连接之处)绑火球发射,古代叫做"火箭"(区别于后来利用火药爆燃推进的"火箭")。杀矢、鍭矢是供田野狩猎用的;矰矢、茀矢是弋射飞鸟用的;恒矢和庳矢是供习射用的。后两种箭镞一般用骨制,其余的箭镞都用铜、铁制。由于各种箭的作用不同,其构造和要求

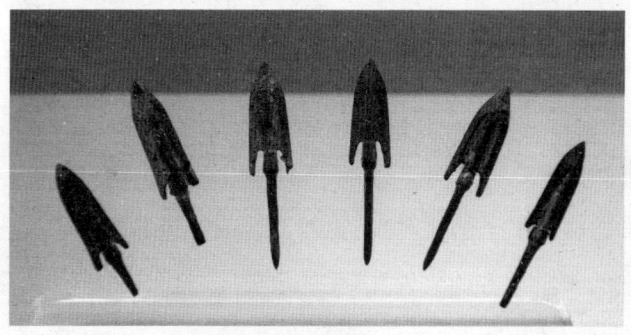

春秋时期铜镞

也不一样。

《考工记·矢人》对制箭从选材、加工到检验都有明确规定。如选择箭杆用材,要求是:"凡相笴,欲生而抟。同抟,欲重;同重,节欲疏;同疏,欲栗。"就是说,箭的杆材形状要天生浑圆;同是天生浑圆的,以致密较重者为佳;同是致密较重的,以节间长、节目疏少的为佳;同是节间长、节目疏少的,又以颜色如栗(木)的为佳。一支箭制成后,要用手指夹住箭杆摆动远行,以检验箭羽的大小是否适当;还要桡曲箭杆,以检验箭杆的粗细强弱是否匀称。如此这般,箭才算合格。

汉代时,箭的形制基本和战国时相同,但箭镞加长,分为长尾和短茎两种。

晋代的箭镞,大都用钢制成,特别讲求穿甲力。如《晋书》记载:"刘曜……雄武过人,铁厚一寸,射而洞之。"又"造五兵之器,精锐尤甚。……射甲不入,即斩弓人"。可以想象,这种箭是很厉害的。

箭在古代战争中消耗极大,要造大批的箭所费人力、物力可想而知。《三国演义》中,周瑜正是借此为难诸葛亮。而诸葛亮料事如神,巧用"草船借箭"之计从容应对,给民间也留下了一段脍炙人口的故事。

虽然箭退出了历史舞台,但在今天的竞技和游乐项目中仍能见到它的身影。"有的放矢"、"无的放矢"、"众矢之的"作为生动的成语,也为人们习用。

《天工开物》所载端箭图

戈

中国特有的长柄格斗兵器

戈,是具有中国民族特色的一种长柄格斗兵器,在欧洲和亚洲西北部及南部各古老的民族地区,都没有发现类似的兵器,因而它成为探究中国古文化的一块化石。"戈"字象形,像长柄、横刃的兵器形状(也有的画出尾部尖插)。

"戈"的古字形如下:

甲骨文　　　　　　金文

戈的起源很早,最初用石头制作。在原始部落间的战争中,为了有效地攻击对方,先民把石斧、石刀装上长柄,再改进勾刃,就做成了石戈。

进入青铜时代,戈用青铜制作,性能更优异。迄今发现最早的青铜戈,出土于河南偃师二里头遗址,距今有3500年的历史。

商代时,戈成为军队中的重要格斗兵器。20世纪70年代,在河南安阳出土一批青铜兵器,其中230件是青铜戈,数量为同时出土的青铜矛的3倍多。

标准的戈,由戈头、柲、铜镈组成。

1. 戈头(分援、内、胡三部分)

援:平出的刃,用来勾啄敌人,是戈的主要杀伤部,长约8寸,宽2寸,体狭长,多数体中有脊棱。援的上刃和下刃向前弧收而聚成锐利的前锋。

内:位于援的后尾,呈榫状,用来安装木柄。有直的,也有末尾向下弯曲的。内上面有穿绳缚柄的孔,称为"穿"。为了避免在击杀中向后脱,有的在援和内之间设有突起的"阑"。

胡:戈援下刃接近阑的弧曲下延,并沿阑侧增开缚绳的穿孔,

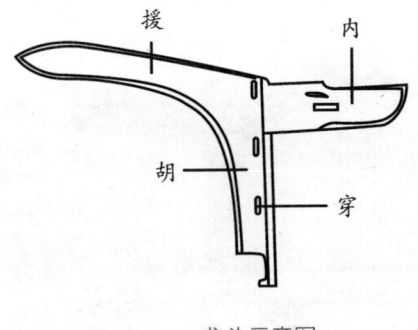

戈头示意图

这部分称为胡。起初,胡只是为了增加穿孔而设,胡越长穿孔越多,柄和戈头缚绑得就越牢固,所以胡部就越来越长。西周时期将胡身加刃,增加了戈的勾割能力。胡的长度一般为戈刃的3倍,即6寸。

2. 柲,即木柄。为了便于前砍后勾,多用扁圆形柲,以使手握持不滑。据《考工记》记载,"戈柲六尺有六寸",但从出土的戈来看,戈柲的长度并不一样,根据实战需要,步战用的柲短,车战用的柲长。例如湖南长沙浏城桥出土的春秋晚期铜戈,长柲达314厘米,短柲仅140厘米。

3. 镈,戈柄下的铜套,有尖可插在地上。

随实战需要,戈的形制也在改变。西周戈与商戈比较,胡延长,穿增加,有的在阑侧增加向后斜出的翼。为了加强勾杀的作用,戈与柲的交角加大,原来呈直角,西周改成大于90°的钝角,西周末时,出现了前锋如圭状的中胡二穿戈。

商戈的制作十分讲究,"内"上大都刻有铭文并有镶嵌。周戈

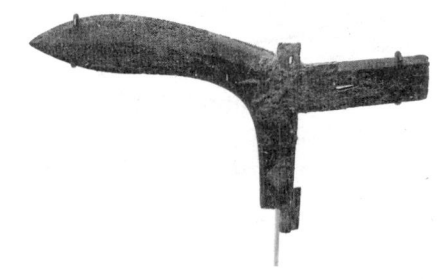

战国中期阴晋右库戈

雕镂镶嵌之精美,可与商戈媲美,而戈刃之锋利,则在商戈之上。战国时代出现了更为精美华丽的错金戈,其制作工艺是,先将戈内胡上刻成凹体花纹,再将黄金丝或小金叶错入凹槽之中,然后打磨抛光,戈为之灿然。

戈是先秦车战时代的主要兵器,两军交战时,车毂相错,戈从车旁横伸出去,利于勾杀。春秋后期步卒、骑兵登场,步骑兵作战时,多为正面突刺,因此横刃的戈就不再适应作战需要。于是出现了戈矛联装的戟。到战国晚期,卜字形的铁制戟使用,因其性能优越,便逐渐取代青铜戟的地位。青铜戈最后被迫出局,只在典籍和诗文中留下"戈"字,作为兵器的泛称和战争的象征。

戈早已退出历史舞台,但戈及戈组合的词语却流传下来,"干戈"、"兵戈四起"、"同室操戈"都是今天常用的词组。

我
一种形似三戈戟的长柄兵器

标题让人奇怪,"我",作为代词用于称"自己",几乎一开口就要用,怎么扯到古代兵器了呢?事实上,"我"原本并非称"自己",而确是古代的一种兵器,说来令人难以置信,不妨看看下文的解释。

"我"的古字形如下:

甲骨文　　　　　　　金文

"我"刻画的正是这种兵器的外形。

说到"我",很自然联想到人体形象。然而从"我"的字形上,却实在看不出与人体形象有什么联系。关于这个问题,汉代时研究文字的学者已感到困惑。

东汉学者许慎在《说文解字》里给出"我"的篆文写法,他解释道:"我,施身自谓也。或说我,顷顿也。从戈从才。才,或说古垂字。一曰古杀字。"看了这样的解释,真让人丈二和尚摸不着头脑。恐怕是许慎自己也不真正知道"我"是何种形象。清代学术注重考据,对古文字有精深研究者不乏其人,然而也没有一位硕学大儒能真正说清楚"我"的本义。"我",到底象的什么形,几乎成了千古之谜。

直到1899年,河南安阳殷墟甲骨文出土,新一代学者从事甲骨文研究,才逐步揭开"我"的真面目。联系古金文中的许多"我"字逐一考察,学者们终于发现,"我"原来刻画的是一种古兵器形象,和许慎解说的"施身自谓"毫无关系。

甲骨文"我"的形象直观地告诉人们:"我"是一种长柄兵器,像戈,但又不是一般的戈,它比戈要多几把匕首状的东西。金文中"我"的结构与甲骨文相近,只是"戈"的柄常微弯。金文中的"我"已与篆文的书写差不多了。

甲骨文、金文中的这些"我"说明,"我"是不可分割的独体象形字,许慎说它为合体字,是错误的。

确定"我"是一种长柄兵器,但究竟它是什么样子呢?因缺乏实物证据,学术界曾长期争执不休,有说它是锯子形,有说这件兵器带三个利齿,还有说它是多刺兵器,几种观点不一,难成定论。

1978年,湖北随县曾侯乙墓出土了大量珍贵文物,其中一种三戈戟引起学者的注意。这种三戈戟比较完整的有三件，发掘报告称:"通长约3.43米，三戈一矛同装于一柲上；矛装于柲的顶端，往下为一件有内的戈和两件无内的戈。戈之间的距离4.7—5.3厘米。三件戈援长略有差别，自上而下依次递减。"(《湖北随县曾侯乙墓发掘简报》，《文物》1979年第7期)如果把这种三戈戟用线条简练地表示，就可看出与甲骨文中的"我"多么相似！

曾侯乙墓出土的三戈戟

由此说来，我们习用的第一人称代词"我"，说穿了它是一种三戈戟的形象，是一种颇有杀伤力的武器。奇怪的是，"我"字在出土文物或文献中不见用其本义，而只是用其假借义。假借后，"我"的形象便因人而异了。不仅如此，凡是以"我"为声符的字，如：饿、俄、娥、莪等等，"我"也仅起一个记音表声的作用，与其本义毫无关联。

值得一提的是，甲骨文"我"除用作第一人称代词外，在古代还曾是方国名、地名，还是武丁时的贞人名。作为方国名、地名、贞人名的"我"是否与当时的多戈戟制造有关？"我"是否便是该地、该氏族的标志？这都有待进一步研究。(参见陈炜湛《"我"算什么形象》一文)

一个极常用的"我"，竟有如此曲折的历史，恐怕是你未想到的吧？

炮

古代远程射击武器

礮，即"抛石机"，是古代战争中的一种远程射击武器，亦作"砲"。后借用为火礮用字，偏旁便以"火"换"石"，改写作"炮"。

从"礮"到"炮"，从一个侧面反映了古代武器的发展，也从另一个侧面反映了文字随科技发展而变化。

上古时期，工具和武器不分。古人手持经过敲击、打磨的锋刃石器从事狩猎，也用石斧、石刀、石镞进行部落战争。

在新石器时代遗址中，发现一些经过加工的似球形的石块，想是用来抛掷杀伤野兽或敌人的"石弹"，可认为这就是抛石机的雏形。

翻检先秦古籍，不见"礮"和"砲"字，当然更没有简化的"炮"

字。最早古人把抛射石弹的兵器叫做"䂪"。古老的字典《说文解字》对"䂪"的解释是:"建大木,置石其上,发以机,以礧敌也。"

"礮"字最先见于西晋潘岳的《闲居赋》,文中有"礮石雷骇"之句,据唐代学者李善注"礮石,今之抛石也",可知唐宋时代已称礮石为抛石。

隋朝时,礮大量装备于军队。文献记载,隋朝末年,魏公李密令护军田茂监造战礮,一次就造了三百具,号称"将军礮"。唐朝大将李光弼制造出一种威力巨大的战礮,发射时要用两百兵士拉索,一次射出的石弹可杀敌数十人。

古礮构造和发射利用了杠杆原理,礮体以木料制成,结合部分采用铁件。礮中心有条礮柱,架在礮架上或埋在地上。柱顶端横放一条有弹性的礮梢,利用其弹力发射石弹。礮梢长约2.5丈(合今8米多),轻型战礮为单根礮梢,重一些的礮为合股礮梢,根据发射石弹的重量有1、3、5梢不等,最多的达13梢。礮梢系选用优质木料经特殊加工而成,既坚固又有弹性。

礮梢的一端安放弹窠,另一端拴礮索。每条礮索由1到2人拉拽。普通单根礮梢用约40人拽,大型礮梢则需上百人拽,最重的13根礮梢则要200多人才能拽动。

根据实战需要,战礮有不同的种类。北宋军事著作《武经总要》中记载有16种不同种类的战礮,从名称看,有架礮、虎蹲礮、旋风礮、车礮、合礮等。

砲的威力很大，一般可远射50步到300步（宋代每步6尺，合今1.4米），每颗石弹重约数十斤，重者可达百斤以上。《宋史·兵志》记载，当时国家对战砲制造有严格要求，制成的砲要经过试射检验，合乎标准才可装备部队。

13世纪，随着火药的发明和使用，火炮在战争中亮相。从出土文物知，至迟在13世纪80年代，中国已经制成并使用了火炮。

《武经总要》所载单梢砲

初期的火炮叫做"火铳"。火铳由铳筒、药室、尾銎三部分组成。铳身上有几道箍，以强固铳身。铳筒根据作战用途不同，有直筒、大碗口筒、盏口筒之分。铳内可填放石、铅、铜、铁弹等。药室在铳筒后，呈灯笼罩式隆起，最大外径比铳口外径大百分之五十，因而生成的气体多，被压缩进入铳筒后，增大了发射弹丸的推力。药室壁开有小孔，以安装导火线。在药室和发射物之间填塞"木马子"，使火药压紧，防止泄气，以提高射程。火铳小型的手持，大型的则安装于木架上，正是大型的火铳后被称为"火炮"。

由于火炮的威力大，它在军事装备中逐渐取代了石砲。既然不再与石而是与火有关，"砲"（也写作砲）字的"石"旁便为"火"旁

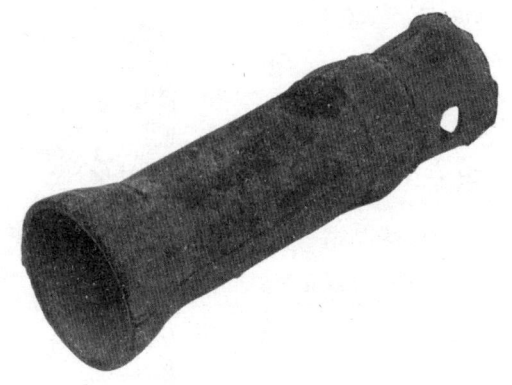

元至顺三年(1332年)火铳,长35.3厘米,口径10.5厘米,重6.94千克。这是中国也是世界现存最早的有明确纪年的火铳,其铳口外张似酒盏,故名盏口铳

代替。在明代的文献中已明确说到"炮"。

今天,在中国象棋的棋子中,还可看到古老的"礮"字或"砲"字,它似乎在提醒人们,不要忘记曾有那样一段不平凡的历史。

技 艺

火
影响深远的取火方法

火的利用使人类从愚昧走向最初的文明。人类对火的认识非常早,因而,"火"字也应是古人最早写出的文字之一。

"火"的本义指物体燃烧时产生的光焰,后引申为产生光焰的爆炸或射击、怒气、中医学的燥热之气等含义。

"火"的古字形如下:

甲骨文　　　　　　　　战国陶文

"火"的甲骨文像火焰形,刻画十分生动。

在人类发展史上,对火的认识和利用具有非常重要的意义。距今约70万~23万年的"北京人"已普遍用火,而且也掌握了保存火种的方法。"北京人"群居的洞穴中有数米深的灰烬,其中有被烧过的兽骨和石块,这表明"北京人"已有意识地利用火来取暖和烧熟食物。

人类最早利用的都是自然界的野火,并从野火中取得火种。"北京人"大量用火表明他们已有保存火种的习惯。人类后来从保存火种发展到摩擦生火,这是一个飞跃,其间经历了数十万年。

中国上古时代有"钻木取火"的传说,《韩非子·五蠹》记载:"上古之世……民食果蓏蚌蛤,腥臊恶臭而伤害腹胃,民多疾病。有圣人作,钻燧取火,以化腥臊,而民说之。"又如《太平御览》第八百六十九卷引《河图挺佐辅》说:"伏羲禅于伯牛,错木作火。"尽管有传说和记载,但在考古中很难找到旧石器时代钻木取火的物证。

结合文献与考古发现知道,从春秋战国到魏晋时期,钻木取火是古人普遍的取火方法。

钻木取火的一般操作是,用一根较硬的木棒作为钻棒,被钻的木片常采用软木,两手搓动钻棒在软木上快速旋转,产生的热量使钻出的木屑燃烧。汉晋时期遗址已发现当时的钻木工具。如在甘肃居延汉代烽燧遗址就有钻木用的钻棒和木片(如图所

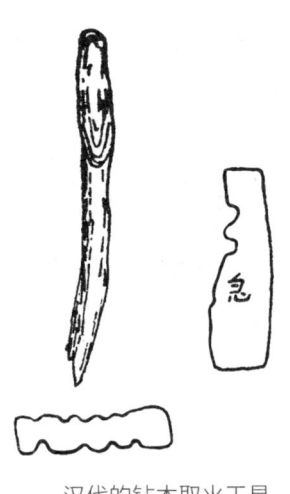

汉代的钻木取火工具

示,木片上的文字是"急"字)。

20世纪上半叶,在海南岛黎族和云南佤族村寨也见到用钻木法取火。根据调查知道,黎族人钻木取火的工具,有一块"山麻木"削制的木板,木板一侧挖有若干小穴,穴底往下有一个竖槽,作火星运行的通道;有一支钻火杆,约半米长,下端略尖。取火时,人先用脚踩住木板,竖槽下放好艾绒,然后把钻火杆插入小穴内,用双手搓钻,快速转动,小穴附近迸出火星,火星沿着竖槽向下即将艾绒点燃。

与钻木法一样古老的还有锯法取火,取火原理与钻木法相同,是利用竹木相锯摩擦而产生的热量生火。传说上古人物伏羲氏"错木作火"就是用此种方法,《庄子·外物》记载"木与木相摩则然(燃)",也是指的锯法取火。锯法取火在战国及后来很长一个时期曾广泛流行。20世纪上半叶,云南佤族和苦聪人(今属拉祜族)还保留有锯法取火。

还有一种钻木取火方法,系在钻火杆上用小横木绑上绳子来回拉,代替双手搓动。如今已有复原实验,能很快将艾绒点燃。

随着古代技术的进步,取火方法也在发展。后来出现了击石法和火镰击石法。击石法是以两块黄铁矿石相击,或用黄铁矿石与火石相击生火。火镰击石法对火镰材料有一定要求,要用高碳钢制成的火镰击石才能生火。此种方法到宋元时期普遍被采用。

今天如果有人说"钻木取火",几乎就意味着指原始和落后。

陕西延安黄帝陵钻木取火雕塑

然而不要忘记历史,在遥远的古代,"钻木取火"曾是一种重要发明,它使先民增强了征服自然的能力,对于人类和社会发展具有难以估量的意义。

网

从捕鱼工具到万物互联

信息时代,与"网"有关的词语不断涌现,网络、网页、网站、网聊、网课、网购等等。许多人习惯各种"网"的用法,当然懂得"网"和信息技术发展有关,但全不理会从文字上了解"网"的初义和它的演变。

文化有继承才有发展,我们应该知道"网"的起源,了解它的基本内涵。

"网"的古字形如下:

甲骨文　　　　　　　　金文

从甲骨文刻画看,"网"像张开的网之形。

"网",汉代时演变为形声字"罔"和"網"。"網"字一直使用了两千年,直到1956年开始推行简化字,才重新恢复"网"的本来面目。这个例子也说明,很多古老的文字其形象所指明确,表意也清楚。

"网"的本义是用麻绳、粗丝织成的捕鱼或捕鸟兽的工具。

远古时代没有网,原始的捕鱼方法是人们在水(浅水)中用手捕捉或同时用身、手、脚组成栅网围捕活鱼,或用木棒打捕,用石块摔砸捕鱼。集体围捕鱼,启发古人发明出渔网。《周易·系辞下》中说,包牺氏"作结绳而为罔罟,以佃以渔"。从科技史发展看,把网的发明归于某个圣人,这是不对的。

渔网较轻,直接下网,会浮在水面,因而网要带上网坠使用。新石器时代遗址出土的网坠不在少数,所见网坠有蚌制、石制和陶制;形状有圆柱形、椭球形、秤砣形等多样,这既反映了古代捕鱼活动的普遍,也反映了古人利用当地材料制作的特色。

新石器时代陶制网坠

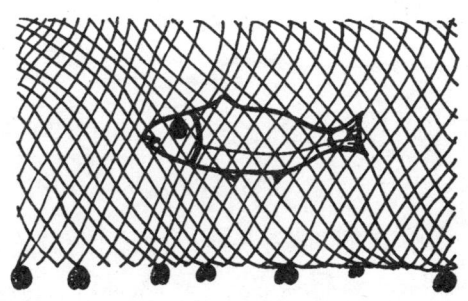

渔网和网坠示意图

渔网也在不断发展,早期形式单一,根据文献记载,到西周时期网具已有多种式样。从《诗经》可见,当时的渔具已有好几种,有"罛"(大网)、"罭"(小眼网)、"汕"(抄网)等。诗句"施罛濊濊"(《卫风·硕人》)、"九罭之鱼"(《豳风·九罭》)、"烝然汕汕"(《小雅·南有嘉鱼》),生动描写了先民持网捕鱼的情形。

古代,"网"在使用中含义不断丰富,如指网状物,见五代词人毛文锡《虞美人》:"蛛丝结网露珠多,滴圆荷。"网也引申指关系纵横交错的组织,见《道德经》第七十三章:"天网恢恢,疏而不失。"网也用为动词,有搜罗或收容之

古代捕鱼的抄网

义,见《汉书·王莽传上》:"网罗天下异能之士。""网罗"沿用至今,只是已含贬义。

如今,"网"仍有称网状物的含义,不过所指的事物范围大大扩展。如体育运动中有"网球"项目,这是因为球场中间横隔着球网。仅是在体育运动中说"网"就有多样,项目不同,"网"也大为不同,如乒乓球台上的"网",篮球架上的"网",足球门上的网……体育运动中也有用"网"组合的词,如排球运动中的"拦网",就指在球网边跳起截球的技术运用。

古代是农业社会,从技术角度讲,"网"的引申只和农田水利形成的灌溉网联系。及至工业社会,说技术构成的"网",就可以指电力网、交通网(又分公路网、铁路网)、电话网等新兴的技术系统。很显然,在信息社会中,说信息技术编织的"互联网"、"物联网",语境又发生质的变化,既有先进技术做基础的真实性,也有时空错位穿越的虚拟性。

一个"网"字,在农业、工业、信息三个不同的技术社会形态里,从物质到精神有多么大的差异!

金

初义多解的金属

今天我们说"金",字义非常明确,科学上是指元素周期表上称"Au"的金;日常用语是指黄金的金,它与铜、铁完全不同。而在先秦时期,"金"的字义基本是指"青铜",某些情况下也指"红铜"或是"黄金"。一篇文献若出现几处"金"字,很可能是有不同的含义,需要结合上下文解读。这间接地反映了古人形成科学认识的曲折过程。

"金"的金文字形如下:

有学者认为,"金"字头像青铜箭头,两点表示铜锭。

中国有丰富的铜矿资源,有些地方的铜矿甚至浅露在地表。

新石器时代中期，先民制陶调控炉温积累了经验，这为采铜和炼铜提供了基本条件。考古发现，距今六千年的西安半坡仰韶文化遗址有小型的铜制品，根据分析测定，是采用铜锌共生矿冶炼出的黄铜物件。

早期冶炼的黄铜含杂质较多，性脆，影响使用。经过长期的生产实践，先民逐渐掌握了区别矿石的知识，有意识地挑选孔雀石（中国古代称为"绿青"，常与其他含铜矿物共生）进行冶炼，从而得到纯度较高的铜。

"青铜器"系指纯铜与锡的合金（也含有少量铅）铸成的器物，在长久埋藏过程中发生化学变化生出绿锈而得名，它与铜锌合金的"黄铜"器物颜色明显有别。

商代时青铜铸造业发达，出土所见商代大量精美的青铜器，令人赞叹惊异。春秋时期青铜铸造技术进一步发展，尤其是到春秋晚期，一系列新的工艺成果将青铜铸造技术推向新的高度。

正是有长期开采铜矿和铸造青铜器的实践，因而在先秦文献中留下了较多的文字记载。不过需要注意，"铜"字出现很少，多的是"金"字。而"金"字的含义并不明确，根据上下文，可知有时是指"黄金"，有时是指"红铜"，更多的是指"青铜"。如见《左传·僖公十八年》："郑伯始朝于楚，楚子赐之金，既而悔之，与之盟曰：'无以铸兵。'故以铸三钟。"这条记载明确指的是公元前642年楚成王将青铜赠予郑国一事。又见《韩非子·内储说上》："荆南之地，丽水之中生金。人多窃采金。"丽水是古代著名的黄金产地,文中的"金"明确是指"黄金"。

在先秦手工业技术著作《考工记》中有关于冶铸青铜的记载,"金"字出现有多处,然而在关键的地方,其含义却是模棱两可的。详见《考工记·攻金之工》:

金有六齐:六分其金而锡居一,谓之钟鼎之齐;五分其金而锡居一,谓之斧斤之齐;四分其金而锡居一,谓之戈戟之齐;三分其金而锡居一,谓之大刃之齐;五分其金而锡居二,谓之削杀矢之齐;金、锡半,谓之鉴燧之齐。

按多数学者的意见,上文"金有六齐"的"金"指的是青铜,这没有异议。而"六分其金而锡居一"等句中的"金",有人认为是指青铜,有人却认为是指红铜,这样一来,对"六齐"的铜、锡比例就形成了两种(甚至三种)不同的解释。尽管今天可以借助仪器检测青铜器物的配料成分,但若换成百分比去对照,却发现很难一一对应。先人用字含混,给后人造成理解的困难。

因为先秦时期"金"多指"青铜",所以古代"金"的合成词也多与青铜器物有关。如"金文",指镌刻于青铜器上的文字。"金壶",即铜壶,指古代的计时仪器。

古代采金、冶金比冶铜起步晚,但发展很快。春秋时期,不仅有纯粹的黄金制品出现,也有在青铜器上贴金箔、错金等工艺运用。1978年湖北曾侯乙墓出土有一批黄金制品,其数量之大,品种

曾侯乙墓出土的金盏和镂空金勺

之多,震动海内外。其中一件金盏,铸造精美,用金量大,高11厘米,口径15厘米,连盖在内重2156克。

秦汉以后,黄金制品大量涌现,青铜器逐渐淡出人们的视野。此后人们说"金",一般就指"黄金"。说"金无足赤",其"足赤"即指成色十足的金子。说"穿金戴银",即指佩戴金银打造的首饰。

铁

人工冶铁的兴起

铁,繁体作"鐵",该字出现较晚,直到汉代才开始应用。实际上,人工冶铁的兴起时间要比"鐵"出现早得多,这表明相对于技术发明,某些对应的文字创造会有滞后。明确这一点,对古代重大技术发明的了解,就不能仅从历史文献中研究,还需借助出土文物的发现以及所做的科技检测和分析。

古代的冶铁是在冶铜基础上发展起来的,这是因为冶铁的温度比冶铜要高,只有冶铜技术成熟才会促使冶铁技术发展。

中国从什么时候兴起冶铁的?这是个值得探究的问题。中国使用铁器的历史可以追溯到商代,但那时原料是用天然陨铁,并不能说是人工冶铁制成的器物。为使问题明确,必须区分几个不同的概念:开始用铁的年代,人工冶铁兴起的年代和大规模用铁的年代。几个概念涉及的年代差距很大。以下集中关注人工冶铁的兴起。

"鐵"字出现较晚,汉代时才开始应用,但这不等于说冶铁技术出现得晚。《诗经·秦风·驷驖》中有"驷驖孔阜",按唐代学者注解,"驖"是"鐵"字,是"马色如铁"的意思。如果这种说法可信,那就意味着西周时期就有人工冶铁。

历史文献也有其他的线索,如编撰于东汉的字典《说文解字》解释:"鐵,黑金也。……銕,古文鐵,从夷。"有学者考证:"銕"是古代东夷人(居住于今山东滨海地区)使用的字,"銕"从金从夷,有东夷人发明人工冶铁的含义。这样说的话,人工冶铁可能还要早些。

所说东夷人是先于齐国之地的土著民族,它与后来的齐国有一定的联系。齐国本是一个小国,面积和经济、军事实力都微不足道。进入春秋中期,齐国迅速崛起,成为令其他诸侯国注目的大国、强国。这里既有政治改革的原因,也有较早开始人工冶铁,制造铁工具,促进生产力发展的原因。

郭沫若先生基于对历史的判断,曾富有预见地提出:"如果齐桓公既已使用铁作耕具,则铁的出现必然更要早些,一种有价值的物质要真正被有效地使用,是要费相当长远的摸索过程的,特别是在古代,因此铁的最初出现,必然还远在春秋以前。"(引自郭沫若:《奴隶制时代》,人民出版社,1973年)

尽管有上述的文献记载和郭沫若先生的观点,但因长期缺乏出土文物证据,学术界一直争论,大多数人认为人工冶铁是在春秋晚期,甚至是晚到战国时期发生的,因为这一时期出土的大量铁器是可靠证据。

真是这种情况吗?近几十年来的考古发现和研究,改变了学者的认识。考古发现,西周末期和春秋早期的铁器不在少数,对这些铁器所做的科技检测表明,我国在西周末期即已出现人工冶铁,开始制作和使用铁器。

与世界上几个最早冶铁的地区相比,中国不论是用陨铁还是人工冶铁都要晚一些。可是中国的冶铁一经出现,就以飞快的速

战国铸铁范,1959年河北兴隆出土。长28.3厘米,宽10.3厘米。中国国家博物馆藏。范由铁浇铸而成,能多次重复使用。发明于战国晚期,用以生产统一规格的铁器

度向前发展,在"块炼法"冶铁技术出现后不久,古代工匠就冶炼出生铁,并至迟在春秋战国之际发明了生铁柔化处理技术。这一技术能够把既硬又脆的生铁加以柔化处理,使之成为可锻铸铁。这项发明比之西方领先两千多年。(参见李众:《中国封建社会前期钢铁冶炼技术的发展》,《考古学报》1975年第2期)生铁冶炼及其柔化处理技术的发明和发展,提高了铁制品的质量和生产率,也降低了成本,从而为战国中期的大规模用铁提供了技术保证,由此推动了中国历史的进程。

有了铁,汉语的词语也不断丰富,如说"斩钉截铁"、"趁热打铁"、"铁石心肠"、"铁面无私"等等。

镕
曾是重要技术创新的金属范

镕,除用于人名和在古书中出现,如今一般很少使用。查《辞海》《辞源》,可知"镕"有两个主要解释,一是通"熔",二是"铸器的模型"。《汉书·董仲舒传》:"犹金之在镕,唯冶者之所铸。"就是第二个释义之用。分析起来,《辞海》对"镕"的第二种解释有些笼统,因为古代铸模区分有石范、泥范和金属范。据冶金史研究知道,"镕"实际指的是金属铸范。金属范的出现在古代曾是一种重要的技术创新。

镕,除在人名和古书中出现外,如今一般很少使用,因而很多人不知道它的实际含义。按古老的字典《说文解字》释义:"镕,冶器法也。"排在"镕"后是"铗"字,该条解说:"铗,可以持冶器铸镕者。"其中也含一个"镕"字。清代学者段玉裁解释"铗":"冶器者铸于镕中,则以此物夹而出之。"分析这句话可知,"镕"指的是金属范。因为泥范是不需"夹而出之"的。然而这样一句话,非专业的人还是不太明白。

话还得多说几句。古代铸造最早使用的是石范,后来采用泥范,再后来发展到金属范,由此标志着铸造技术进入一个新时代。

在古代技术条件下,泥范一般只能使用一次或几次,随着社会生产的发展,需要大量铸造生产工具尤其是货币。显然,仅能使用几次的泥范不能适应新情况,必须创造更先进的铸造方法,用金属范铸造就是在这一需求下发明的。

金属范使用寿命比泥范要高几十倍,以铜范为例,它可以重复使用数百次甚至上千次,大大节省了制范的工时,用来制造铜斧、铜镬和货币,产品质量好、规格整齐。铜范铸造远比泥范复杂,因此,金属范作为一种技术创新,表明古代铸造进入了一个更高的发展阶段。

根据文献记载,中国在春秋时代已使用铜范铸钱,如"卢氏"空首布铜范、战国初的平首布"梁一釿"铜范等。战国时期商品经济发达,使铜范成为铸钱的重要设备,应用十分广泛。

战国时期,在铜范的基础上又发展起铁范。1959年在河北兴隆发现铁范,

梁-釿铜范拓片

在国内外引起很大震动。此后又有其他重大考古发现,最终使海内外学术界承认这一事实:人工冶铁技术在中国战国时代已十分发达,当时已使用铁范大量制作铁工具。

另外,20世纪70年代出土的湖北云梦秦简上有两处提到"钱容",内容很有意思,兹录见下:

用兴隆铸斧铁范浇注的锡斧（实验品）

某里士伍甲、乙缚诣男子丙、丁及新钱百一十,钱容二合,告曰:丙盗铸此钱,丁佐铸。甲、乙捕索其室而得此钱容,来诣之。

学者释文以"容"为"镕"的通假字。由此知"钱容"就是"钱镕",是用来浇注钱币的铸范。丙、丁二人用"钱容"私下铸钱,触犯了秦朝的法律,被士伍甲和乙捕获送官府治罪,并且从私铸的场所搜到新铸钱币一百一十枚和"钱容"两套,作为定罪的证据。

"镕"从金,容声,从汉语的一般组成规律看,应指用金属材料铸成的铸范,也省写作"容"。云梦秦简"钱容"以"合"来计数,说明它不是单个使用的范盒而是必须成对使用的钱范。简文中只提到发现"新钱"和"钱容",而没有提到钱模或模具,也说明这个"钱容"就是释文所确认的"钱镕",即金属钱范(多半是铜范)。因为,只有金属范可以重复使用多次。

冶金史专家华觉明认为,秦简"钱容"是目前所知世界上最早的关于金属铸范的文字记载,推而及知,汉代文献中多次出现的"镕"字,应当也是指金属范(铜范或者铁范)。由于汉代金属范的使用已很普遍,成为人们的常识,故无论班固还是许慎在写作时都不认为有对"镕"字加以特别说明的必要(参见华觉明:《中国冶铸史论集》,文物出版社,1986年)。大约魏晋南北朝以后,"范"逐步成为"铸型"的通称,"镕"便转义为"镕铸",以致后来的人竟不太了解它的本义。

橐
古代冶炼用的鼓风器

橐,常用字典解释为"一种口袋",还有补充解释为"作象声词"。实际上,"橐"不是普通的"口袋",它是一种鼓风皮囊,是古代冶铜炼铁的重要设备。正因为用"橐"鼓风时产生闷呼呼的响声,所以拿它作象声词用也很合适。

"橐"的古字形如下:

甲骨文

金文

从古字形看,很像两头扎紧的(皮)口袋,一个拉动鼓风用的木杆穿过口袋。也有人说像用绳子捆木之形,释为"束"字。

上古时代烧制陶器,最初就是利用自然风。在长期的实践中先民意识到，为了烧出硬质陶，必须提高炉温，因而想办法鼓风就成为重要问题。古人大概用过蒲扇之类的东西扇风，效能有限，后来逐渐想到用吹管和兽皮制作的风囊。至今在中国西北地区，当地人把用山羊皮做的囊叫做"火皮袋"，仍用它为牛皮筏吹气，或用于炊事和土法冶炼。

就冶炼金属来说，鼓风设施的改进，对于提高炉温至为重要。炼铁炉的风囊不仅体量大，而且关键时候要用到多个。

古代称皮囊为"橐"或"囊橐"。当时的工匠认识到鼓风对于冶炼的重要性，在古籍中有关的文字往往是炉橐并称，这也反映出学者有这种认识。如先秦典籍《管子》："吾非挺埴摇炉橐而立黄金也。"《淮南子·齐俗训》："炉橐埵坊设，非巧冶不能以治金。"《论衡·量知》："工师凿掘，炉橐铸铄乃成器。"这些语词都表明了冶炼炉与风橐是密不可分的。

这里提出一个问题，风橐是什么人制作的？古代手工业大部分都是个体生产，无疑，冶铜炼铁的工匠应该会制作、修补风橐。就像木匠会制作、修理工具一样。

先秦文献《礼记·学记》写道，"良冶之子，必学为裘；良弓之子，必学为箕"，透露了这方面的信息，但是对这几句话从唐代起已有所误解。

唐代著名学者孔颖达注解《礼记》，他解释说："良，善也。冶，谓铸冶也。裘，谓衣裘也。言积习善冶之家，其子弟见其父兄世业锢铸金铁,使之柔合,以补治破器,皆令全好,故此子弟仍能学为袍裘,补续兽皮,片片相合,以令完全也。"

"裘",单从字源说,把它解释为"皮衣",应是没有问题的。然而,结合"良冶之子,必学为裘"的上下文,把"裘"释为"皮衣",则不论从逻辑上还是从冶金技术特点分析,都明显失当。对此,明清时期就有学者质疑。

这里从技术特点上分析。早期分工尚不细致,没有专门缝制鼓风皮囊的匠人,就是有的话,对个体冶铸工匠来说,制作和修补风囊也是应该掌握的一项技能。这应是"良冶之子,必学为裘"的真正原因,而不是去缝制与职业不相干的皮衣!由此提醒我们,读古文千万不要望文生义。

再看"良冶之子,必学为裘"的"裘",它其实是个借用字,实际指的是鼓风皮囊——"橐"。古代铸造大型器物,须用大型熔炉,为增加风力,就要用多个橐鼓风。多橐鼓风很可能在商代已经使用。《吴越春秋》说"童女童男三百人鼓橐装炭","三百人"固然有夸大之嫌,但若是多橐鼓风并且是轮番操作,人少了肯定不成。

因橐用皮革制作,易朽难存,考古发掘中尚未见到实物。参见汉代画像石资料知,用皮囊鼓风的一种形式是由悬挂在梁上的杆来带动(见图),定位构架限制其运动方向,囊端有柄和进风活门,另一端设出风活门和风管。科技文物专家王振铎据此制作了复原模型。

汉代冶铁鼓风画像石

排橐模型

这种鼓风装置的优点是结构简单,运动稳定可靠。汉画像石中所表现的是锻炉,如在大型炼炉上使用,可相应加大尺寸。

鼓风装置最初由人力驱动,后来使用畜力,汉代时又发展为用水力驱动,这是中国古代冶铁技术的另一项重大创新。

宫

中国古代建筑木结构体系的形成

说到宫,很容易让人联想到古代华丽的宫殿,气势恢宏的建筑群。而实际上,宫的初义是木柱支撑的茅草房屋,与华丽毫不沾边。从建筑的发展历史看,"宫"经历了一个演进过程。

"宫"的古字形如下:

甲骨文　　　　金文

古字形下面的"口"表示门,上面的"口"像烟囱。也有一种说法,说宫从吕,像是大房子里分成几个小室。

在世界建筑史上,中国古代的建筑独具特色。与西方古建筑的砖石结构体系相比,中国古代建筑采用的是木结构体系。这个体系的特点是：一个高起的台基，在台基上立木柱，在柱子上架设梁枋，再在梁枋上盖屋顶。屋顶的重量由梁枋传到柱子和地面。柱子之间的墙壁只起隔断作用，而不承受房屋的重量。根据考古发现，中国这种木结构体系的形成至少已有四千余年的历史。

中国古代建筑木结构体系是怎样形成的？在考古中可以找到渊源。例如对西安半坡遗址的考察知道，该遗址距今有六千多年的历史。该遗址居住区的房屋布局是：中间一座大房屋，北边有许多小房屋，小房屋的房门都朝向大房屋，形成不甚规整的半圆形房屋群。对房屋遗迹构造进行排比，可以看到一个由半穴居到地面建筑的发展过程。根据学者研究，这个过程大约用了三四百年的时间，从历史上看，这一发展速度是惊人的。

半穴居的内部使用空间，下部是挖出来的，上部是构筑起来的。就地取土形成"四壁"，利用树木枝干和其他植物茎叶之类构

半坡遗址半穴居复原图

成顶部围护结构。从结构学上讲,半坡遗址中木骨涂泥的构筑方式,是土木合构的中国古代建筑的始祖。

由半穴居发展,逐步有了墙体,承重的木骨泥墙出现,这是地面建筑大发展的一个技术关键。直立的墙体,倾斜的屋盖,奠定了后世建筑的基本体形。这一转变,被认为在建筑史上有着重要的意义。(参见杨鸿勋:《建筑考古学论文集》,文物出版社,1987年,第30页)在墙上架屋的体形,要比在地面上架屋(半穴居)高大得多,即使到了夏代,仍被看作先进的形式。

初期屋盖与墙体的构造大致相同,进而采用密排板椽,减去椽间的填充材料,合理地承受屋面垂直载荷。墙体进一步发展,支柱木骨分化成为承重与填充两部分,最后形成较规整柱网,由此奠定了中国古代建筑木框架结构体系的基础。

再看"宫"字,古书《释名》:"宫,穹也。屋见于垣上,穹隆然也。"指明了是在墙(垣)上架屋的体形,显然是有高大的效果。由

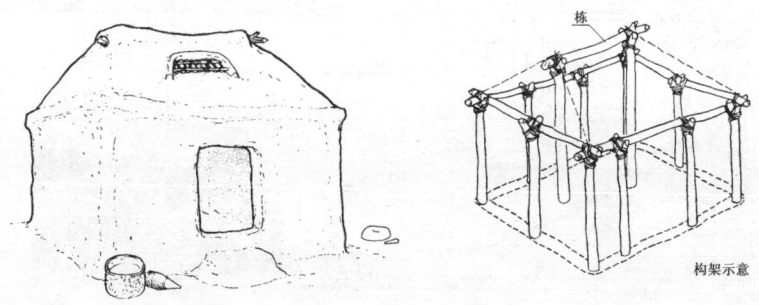

半坡遗址方形房屋复原图

《尔雅音图》所载释宫图

上面所说知道,"宫"出现之前,屋盖直接建在地上,即半穴居的形式(所以"屋"既是一种建筑形式,又是屋盖的名称),由于早先人们习惯见到地上的"屋",当"屋"出现在墙上,便觉得其高大"穹隆然也",因而名之为"宫"。

"宫"的内部空间称为"室",即《释名》所说的"室,实也,人、物实满其中也"。这是以"宫"为体形的概念,"室"为空间的概念;"宫"和"室"也是同一事物的两个侧面。因此,古书《尔雅》说"宫谓之室,室谓之宫",古代字典《说文解字》说"宫,室也"。殷商以后,在地面上的建筑形式已比较普遍,"宫"字的含义逐渐引申作房屋、住宅的泛称。而到秦汉时,随着帝王的房屋越建越大,越建越华丽,"宫"便成了帝王所用建筑的专有名词。

基

夯土筑墙的版筑法

基,今为上"其"下"土"结构,而甲骨文是上"土"下"其"。古文字偏旁位置不拘,"土"旁在上或在下无别。追溯本源,"基"中"土"指夯土层,"土"与"其"合之表示:逐层叠起的夯土,既是筑地基,也用于造墙体。后引申为基础、开始、基业等。

"基"的古字形如下:

甲骨文　　　　　　金文

也有说"其"即"箕"的本字,表示土箕,装土的平口筐。"其"表示用箕装土筑墙。

古老的字典《说文解字》释义:"基,墙始也。"《诗经·周颂·丝衣》:"自堂徂基。"意思是,从庙堂到门边。可知"基"也泛指建筑物的底部。

中国古代早期的建筑地基不是用石块,而是用夯土。考古发现,距今四千多年的龙山文化遗址已用夯土。从商至秦汉,重要建筑的高大台基都是夯土筑成,宫殿台榭也是以土台作为建筑基底。孟子曰:"舜发于畎亩之中,傅说举于版筑之间。""版筑"就是指夯土建筑。

"夯土"有动词和名词形式,作动词是表示打夯,即将泥土压实;名词指捣击而成的结实的混合泥块,用作建筑的地基和墙体。古代建筑的地基可以挖沟填土夯实,但做墙体要使表面取平,整体取直,就要采用版筑法。

所谓版筑,就是筑墙时立起两块木板(版),两板之间的宽度等于墙的厚度,板外用木柱支撑住,然后在两板之间填土,用木杵捣紧,升到一定高度,拆去木板木柱,即成墙体。

战国时期砖已出现,但直到秦汉,砖只用来砌筑墓室和铺地面,并不用于造房。一般百姓民居的墙体仍用版筑法建造。甚至直到今天,有的偏远地区仍然使用这种办法筑墙。20世纪60年代初大庆油田会战,荒草野滩,没有任何基础设施。参加会战的干部和工人,克服各种困难,包括自己动手建造住房,当时叫"干打垒",实际就是古老的版筑法。

20世纪30年代,德裔美籍学者鲁道夫·霍梅尔来中国做手工业调查,曾到江西牯岭仔细观察了当地夯土筑墙的过程,他在 China at Work(中文版译名《手艺中国》)一书中写道:

以下所说的夯土筑墙,最好的方式是先筑石基。把粗石块堆起来,不用任何黏合材料。在此基础上再用黏土夯筑。筑墙中用到一个有三块板的墙模子,见草图所示。板面是用木条相并榫接成的。两个挡板有一端是堵头用卯榫连接,另一端敞口,施工中用可拆卸的卡子或看起来像H形的架子(见图中右)卡住。H形架子的横木榫接在其两腿之间。架子腿的下端处在墙模子的挡板上,以使木棍B落在挡板顶上。用一长木楔子(约与木棍B同长)嵌入H形架子上方两臂端之间,以使H形架子的两条腿能够紧压住挡板,以免往墙模子里填土时把挡板撑开。

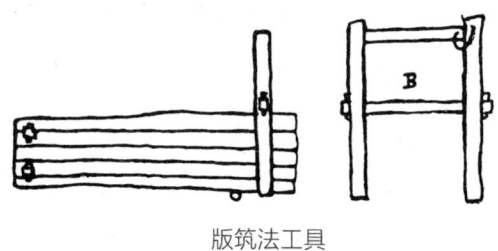

版筑法工具

从地里挖出来的鲜土要捣击夯实,使用的工具是木质夯槌,其形状一头大一头小。夯土的基本步骤是:先用夯槌的小头把土捣进墙模子的几个角,然后再用夯槌的大头夯实。填土夯实后,就可将H形架子撤开,墙模子往上提,重复上述步骤,再填土和夯实。

在浙江地区，也用同样的方法夯土筑墙，用的土就是当地的。如果泥土的黏性不好，就在其中掺些桐油，桐树在南方许多地区常见；缺乏桐树的地区则用麦秸为原料造的草纸，把草纸泡水弄碎了用。草纸质地松散，适宜于这种特殊用途。水泡碎的草纸比单掺麦秸有更好的黏性，可能当初造纸时掺了石灰，而石灰是用于使麦秸腐烂和分解的。

霍梅尔如此细致的描述，令人赞叹。同时也让我们领略了一项古老技术的魅力。

瓦

富有特色的瓦当制作

当今的大中城市,马赛克或玻璃幕墙的新式建筑触目皆是,已很少看见使用瓦的房屋。说到瓦,难免有人感觉陌生,如果说"秦砖汉瓦",那几乎就是古旧、落后的代名词。然而不可否认,在历史上,从茅草屋发展到瓦屋,是建筑技术的一大进步。

"瓦"字在甲骨文、金文里不见,似可表明商代时还没有瓦。瓦是社会发展到一定阶段的产物。春秋时期制瓦技术发展很快,其中瓦当的制作是一大特色。

"瓦"的篆文(横着看)～像是两片瓦上下搭接之形。

远古时代,人类利用天然洞穴挡风避寒,后来逐步建造半地穴式的房屋,用茅草作屋顶。进一步发展,在平地上整出地基,用版筑法（两块夹板中填土夯实，层层加高）立墙，用木柱支撑屋顶。为了防雨，古人想出用瓦盖屋顶的方法。

瓦在商代遗址中几乎不见，甲骨文、金文也没有"瓦"字。而在陕西周原西周宫殿遗址中发现有大量的瓦。这表明，瓦是古代社会发展到一定阶段的产物。

所见西周瓦分板瓦和筒瓦两种，同时也出现了瓦当。与陶器比，瓦的制作并不复杂。但是瓦的需求量大，成批生产要有模具之类的东西。而瓦当不仅实用，古人也有装饰的处理。

瓦当是筒瓦的头，一方面是保护屋顶的椽子不受风雨侵袭，另外也有装饰作用。从古代的瓦当看，有半圆形和圆形两种。前者出现在西周，延续至战国；后者出现在战国，到汉代时流行。从建筑技术的观点看，圆形瓦当比半圆形瓦当进步，前者面积比后者面积大一倍，可以完全盖住椽头。圆形瓦当的制作虽比半圆形瓦当

西汉圆形瓦当，左为"汉并天下"瓦当，右为"单于天降"瓦当

费工,但却有利于保护建筑。从美学的角度看,圆形瓦当容纳的花纹图案比半圆形瓦当多一倍,因而显得更美观些。

瓦当的制作主要有几个步骤:制瓦当坯,续制筒瓦,切割,晾干,焙烧。

(1)制瓦当坯。有花纹和有文字的瓦当的制作方法,都是先刻出木模(阳纹),然后用木模压制出泥制瓦当范(阴纹)。将瓦当范放入窑内烧好取出,便可使用。

(2)续制筒瓦。瓦当坯压制成形后,不立即取出,而是在其上续制筒瓦。战国时期流行泥条盘筑法,即先将泥条盘几圈,把瓦当和筒瓦的接缝处抹平,在里面接好,然后继续盘筑筒瓦,直至所需长度(30~40厘米)。

(3)切割。泥条盘筑好,抹好缝,拍打结实,待筒瓦半干时,便可切割。切割的工具或用绳弓,或用刀。用绳弓切割时,先把筒瓦放于一个半圆形槽内,防止筒瓦滚动。再用绳弓紧贴半圆形槽面从筒尾处进绳,近瓦当时向外一摆,即可将筒瓦和瓦当都一分为二。用刀切割时,也是先将半干的瓦当、筒瓦放平在半圆形槽内,然后用刀尖沿着半圆形槽面划上三刀:一刀切瓦当面,另两刀切筒瓦的两个侧面,也能顺利地将瓦当坯分开。

早期的圆形瓦当用泥条盘筑法制成,西汉时改用模制法,即将瓦当和筒瓦分别制成后再拼接在一起,这一方法延续至后世。

瓦和瓦当在中国应用的时间很长,从皇宫到民居,都用瓦作屋顶。只不过皇宫专用琉璃瓦,百姓用的是黑瓦。

19世纪末,西方的钢筋水泥传入中国,逐渐把中国古老的砖瓦挤出高楼建筑。当近年人们看多了高楼,看厌了马赛克和玻璃幕墙时,又想起了砖和瓦。从建筑文化的角度,人们认识到瓦不仅有实用功能,也有文化的功能。瓦在许多地方又派上它的用场。有些讲究文化内涵的新式建筑,都有意识地采用瓦,给人一种历史、文化的韵味。

餐厅里用黑瓦装饰的一段屋檐,平添一种韵味

梁

架在水上的桥

桥是人们熟悉的建筑：江南水乡有造型优美的小石桥，长江、黄河上有气势宏伟的钢铁大桥，西南崇山峻岭中有高高架起的铁路桥，许多城市都有贯通要道的立交桥……

然而说到"桥"字，追溯历史知，古代最早并不叫"桥"，而是称作"梁"。

"梁"的金文字形如下：

金文中的"梁"左部符号表示水，右部符号表示读音，为左右结构的形声字，表示的含义就是水上架有可通行的桥。

梁，古老的字典《说文解字》释义："水桥也。"清代学者段玉裁注解："梁之字，用木跨水，则今之桥也。"可知，"梁"就是架在水上的桥。《庄子》《史记》等古书中都记载了一个故事，一个叫尾生的人，和一位女子"期于梁下"（约好在桥下见面），约定的时间到了，女子却没有来。这时突然涨起水来，结果，诚信的尾生"抱梁柱而死"。故事中的"梁"指的就是桥，尾生抱的就是桥柱。

先秦称独木桥为"杠"。与"杠"相比，"梁"是较宽大的桥。"杠"只供人行，"梁"可以行车。《孟子·离娄下》记载："岁十一月，徒杠成；十二月，舆梁成，民未病涉也。""杠"供人步行通过，所以称"徒杠"；"梁"可让车马通过，所以称"舆梁"。《韩非子·外储说右下》："兹郑子引辇上高梁，而（力）不能支。"兹郑子是拉着车过"梁"的，可见"梁"可以通车。古代拦鱼的堤堰也叫"梁"，这是"鱼梁"。在小河、溪流上垒起堤堰，留有通水孔道，放上笼子，用以捕鱼的设施叫"梁"，这种鱼梁也可以供人通行，这可能是更早的"梁"。

"桥"字出现比"梁"晚，开始是用来指井桥（也叫桔槔，立在井边利用杠杆原理汲水的工具），后来逐渐有了"桥梁"的含义，在秦代竹简上已见到这种用法，但"桥"字的真正流行是从汉代以后。

"桥"和"梁"大体说两字是异名同义，但实际有细微差别。按古代学者解释，"大而为陂陀者曰桥"，桥字形象地显示出有坡度而中高的形状，是拱桥一类；而梁一般是指平桥或浮桥。

早期的桥大多是梁桥，梁安放平直，所以又叫平桥。后来逐渐有了拱桥,拱桥是中国桥梁建筑的一大特色。以下主要谈谈梁桥。

最早的梁桥就是独木桥、独石桥一类。原始人为了防止野兽入侵,常在屋前挖一条深沟,在深沟上面架一根木头或石梁连接交通。一根木头走起来不稳,故又出现了把几根原木拼在一起的桥,这种做法后世流传,只是桥的跨度更大,建造也更坚固。如考古发现春秋齐国城壕上有桥,在正对城门的城壕两岸地下,发现筑桥台的石块和夯土遗迹,其桥跨度为八九米,这一长度在当时已算是大的了。

在汉代画像砖(石)中有大量采用梁桥的题材,可见梁柱桥的技术在汉代比较普遍,成为当时一种代表性的桥型。

历史上有几座著名的梁桥,灞桥是其中之一。灞桥位于陕西西安东北约20里处,临近灞水和浐水相汇处。文献记载灞桥始建

汉画像砖中的梁桥

于秦穆公年代(公元前7世纪)，后来多次毁坏又不断修建。按清《灞桥图说》记载："桥长一百三十四丈，横开六十七龙门，直竖四百零八柱，分六柱为一门，每门底顺安石碾盘六具，深密钉桩，上累辘轴石四层，平砌石梁，横加托木，叠加木梁各一层，满铺木枋一层，边加栏上枋各两层，平筑灰土，上铺压檐石一层，垒砌栏杆各二层，量宽二丈八尺，凑高一丈六尺，两岸筑灰土堤。"

由所述可见灞桥的规模与建造技术的复杂。现场观察也予以证实：桥墩由6根石柱组成。每根石柱用4层石轴相叠砌，底部承以石盘。石轴每个高70厘米，直径95厘米，石盘厚25厘米，直径1.4米。石盘起基础作用，并扩大了承压面积。石轴之间和石轴与石盘之间各凿成阴阳卯口，套接一起，连成整体。以石轴与石盘为例，石盘上留阳卯，石轴底面上留阴卯，卯中心均留有铁柱洞。套接时，先用糯米汁、牛血拌石灰锤融，每盘约用石灰50斤，填充在石盘的卯眼内及面上，将长30厘米、直径10厘米的铁轴插入洞内，然后把石轴套上。由此看来，古代建桥技术确是很复杂的。清代重建的灞桥，经多次洪水严峻考验，仍坚固如初，这的确是中国桥梁史上的重要成就。

灞桥于1955年在原桥基础上用钢筋混凝土改建，全长386.2米，宽7米，桥上可行驶重型汽车。著名桥梁专家茅以升指出："新灞桥是建筑在旧灞桥的基础上的，尽管面目全非，却是渊源一脉，经过两千年的几度沧桑，旧桥并未无声消逝，而是获得新生，更形

明代沈周《灞桥风雪图》

宏伟。"(参见《介绍五座古桥——珠浦桥、广济桥、洛阳桥、宝带桥及灞桥》,《文物》1973年第1期)

由历史文献知道,"桥"早期称"梁",汉代起"桥"成为桥梁的通称。此后,不论是蛟龙卧波、彩虹飞架的大桥,还是便利行人往来的小桥,都可以称"桥"。"桥梁"也因而结合成为复音词表示"桥"。

桥梁把为水所隔的两地沟通起来。自然地,桥也用于比喻能起沟通作用的人或事物,比如说"架起中西文化的桥梁","科技史是在科学与人文之间架桥"。

笔

毛笔制作技术的演进

笔是重要的书写工具,其含义古今大不相同。在中国古代,"笔"指的是毛笔,即用兽毛禽羽等为材料制作的笔。毛笔出现很早,经过历代的技术积累,到唐宋时毛笔制作已达到很高的水平。了解毛笔的制作,也是从一个侧面了解中国古代的文化。

"笔",繁体作"筆","聿"的古字形如下:

甲骨文　　　　　　　　金文

"聿"的古字像手持毛笔之形,本义是"书写"。

笔的制作可追溯久远。新石器时代彩陶上的花纹,考古学者认为就是用"笔"涂染的,不过,当时的笔是什么样子,还缺乏实物的考证。

经过长期的发展,到春秋战国时期,笔在各地都有制作和应用。因为国土分割,笔的称谓很不一样,楚国称为"聿",吴国叫做"不律",燕国叫做"弗",而秦国称之"笔",直到秦始皇统一中国,才统一称作"笔"。

古代笔多用竹子和动物毛制成,易朽烂,难保存。迄今发现最早的实物是湖南长沙左家公山楚墓中出土的一套书写工具,其中有毛笔(附笔管)、竹片、青铜刀、小竹筒(盛墨用)。毛笔套在一支小竹管内,笔杆长18.5厘米,直径0.4厘米,细如织毛线的竹针。据专家观察,当时的笔毛采用的是上好的兔箭毛,长2.5厘米。毛笔制法与现今毛笔的制法不同,笔毛没有塞在笔杆内,而是围在笔杆的一端,用细丝线缠住,外面再髹漆,以这种方式固定笔毛。

1975年,在湖北云梦睡虎地秦墓中出土了三支秦笔,所见笔杆由竹子制成,笔杆下端掏空,用以藏纳笔毫,便于系扎。文物专家认为,这是制笔历史上的一

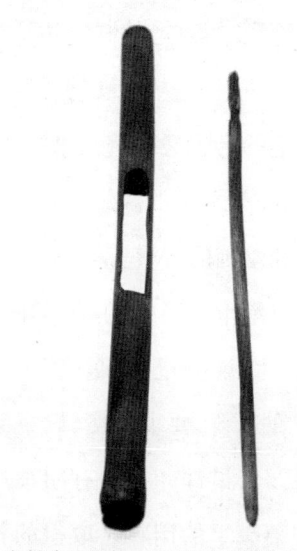

秦笔(复制)。1975年湖北云梦睡虎地秦墓出土

大进步。自此以后,这种式样的笔便逐渐成了中国古代毛笔的定制。

历史上,优质毛笔多出自南方,这可能与产竹子并和当地的环境有关。浙江的湖州和安徽的宣州都是名笔产地。东晋大书法家王羲之、王献之父子先后在湖州任过太守,他们不仅能书善画,还经常和制笔工匠一起切磋、改进制笔工艺。宣州紫毫笔用兔毛制成,以笔锋坚挺耐用而著称。宣笔到唐代声誉日隆,诗人白居易曾作《紫毫笔》赞美宣笔:"紫毫笔,尖如锥兮利如刀。江南石上有老兔,吃竹饮泉生紫毫。宣城之人采为笔,千万毛中拣一毫……每岁宣城进笔时,紫毫之价如金贵。"生动描述了宣笔制作之精,身价之高。

唐代时,毛笔的制作达到相当高的水平,特别是由于当时纸张的普遍使用,笔从刚硬的短锋笋式笔,演变成柔软的长锋毛笔。这类毛笔的诞生又影响到书法之风变革,唐宋时期书法家辈出,风格纷呈,实与毛笔的改进大有关系。可以说,毛笔的进步推动了中国书法和绘画的发展。

毛笔形体虽小,但制作非常讲究。制作须经选料、浸皮、发酵、采毛、水盆、分毫、熟毫、胶头、装管、剔修、刻管等数十道工序。制笔首在选料,要求严格,以狼毫为例,其标准以冬季捕获的北方黄鼠狼尾为最佳。它具有粗细均匀、锋嫩毛长、弹性适中的优点,是高档狼毫笔的用料。取得的各种兽皮还要经过浸泡、发酵之后才能选取。水盆工要在水盆中"千万毛中拣一毫",淘选出中意的毛料,经过分类,配成毫片并泡制成熟毫。将熟好的毫片,再扎成笔头,如笋尖式、细腰葫芦式、玉兰蕊式等,装置笔管后,还需再进行剔修,剔除掉有碍于书写的杂毫,从而使每支毛笔达到行家们称之为"四德"的标准。所谓"四德"见明朝屠隆《考槃余事》记载:"制笔之法,以尖、齐、圆、健为四德。"尖,锋颖尖利而不开叉,有尖不秃;齐,锋毛齐整,顶锋饱满浑厚;圆,丰硕圆润,运转如意,得心应手;健,健劲耐用,固而不败,富有弹性。"四德"缺一不能,"四德"俱备,才能成为一支好笔。

笔杆的质料、轻重、粗细、长短,对于笔的使用影响极大,也是用以装饰的主要部位。制杆要经过选材、刻字、漆画、镶嵌、加箍、挂绳等多道工序。

毛笔在中国古代文化传播中起了非常重要的作用。直到20世纪初,西方的圆珠笔和钢笔传入中国,由于这些笔书写和携带方便,在一般使用中便逐渐取代了毛笔的地位。然而,毛笔并没有消失,在书法、国画、正式的题词中仍旧大有用武之地。

墨

源远流长的制墨技术

墨是古代毛笔书写、绘画不可缺的物品。"墨"字由黑和土组成,是会意字,"黑"是墨的典型特征。古代墨的制作源远流长,从制墨技术发展中可看到古代工匠经验的继承和创新。

"黑"的古字形如下:

金文　　　　　　　　　　石鼓文

古老的字典《说文解字》释义:"黑,火所熏之色也。"近年来古文字学者研究认为:"黑"的古字是一个脸上和身上都有污迹的人。

五十多万年前人类学会用火,从此告别愚昧,踏上了文明的征途。

木头燃烧，过一段时间成为木炭，炭黑沾染到人的身体和物品上，不易擦掉。这种现象自然会引起先民注意。待到有意识地利用炭黑，这就成为染色技术的起源。

炭素作为颜料使用，在考古中已有发现。新石器时代陶器上有用黑色绘成的图案，还有殷商甲骨上某些字画的黑迹，经文物工作者检验，确认这些黑色用的是炭黑。

周代时出现墨，从古籍中可以找到"墨"的说法。如见《庄子·田子方》记载："宋元君将画图，众史皆至，受揖而立，舐笔和墨。"又如，周代五刑之一的"墨刑"，就是在犯人的面额上刺字后涂上墨。长久带着黑字，使人遭受身心之辱。根据学者研究知，春秋时期没有固体的墨锭，需要时先把炭黑与胶水调和了使用，这种液态墨属于原始墨。

大约到战国末期，出现了真正的墨，考古中已发现这一时期的墨锭遗物。1975年湖北云梦睡虎地战国秦墓中出土了一块墨锭，其色纯黑，近似圆台形。同时出土的还有满布墨痕的石砚和写满墨字的木牍，可知当时已用石砚磨墨。

早期制作固体墨，仅用到炭黑和动物胶。汉代时，由于纸的使用逐渐普及，对墨的需求大大增加，由此促进了制墨技术的发展。制墨工匠发现松木宜于制作炭黑，松木含有丰富的松脂，松脂中的松香不仅可制出优良的炭黑，而且所含的松节油又可使制成的墨有一种天然的香气。

秦墨,石砚,研石(复制)。1975年湖北云梦睡虎地秦墓出土

唐代制墨业兴盛,制作技术益精,名工辈出。唐代后期,易水(今河北易县)制墨高手奚超等人为避战乱迁居安徽歙州,奚超和他的儿子廷珪在此重操墨业,以黄山松烟为原料,并改进调胶、捣松等工艺,制成的墨"丰肌腻理,光泽如漆",声名大振,得到南唐后主李煜的赏识。李煜赐奚氏国姓,改姓李,并封廷珪为墨务官,李墨由此名扬天下。

李墨的工艺特点是功精料优。他们以歙州古松为原料烧制优质松烟,精选藤黄、犀角、珍珠、巴豆、玉屑等为添加料,加之胶质考究,加工时还规定必须"十万杵"(即几万次的捣击),因而能制出佳墨。此墨具有"拈来轻,嗅来馨,磨来清"之妙,获得"黄金易得,李墨难求"之美誉。易水墨匠的高超技艺和歙州本地丰富的自然资源、深厚的文化传统相结合,使歙州的墨业繁荣起来。宋徽宗宣和三年(1121年),歙州更名徽州,自此,徽州所产之墨便统称徽墨,沿袭至今。

《天工开物》所载烧取松烟造墨图

宋元时期,徽墨制造工艺不断创新。主要表现在开创了以油烟为原料的新途径,因其粒度细、分散力强、吸收光的性能好,故墨色黝黑而油润,品质在松烟之上;又因加入麝香等增香剂,能除去胶的异味,增添香气;加金箔可以增加墨的光辉,提高墨的身价,徽墨因此而开始了由实用品向艺术品的过渡。

可以说,在墨中加入种类繁多的添加剂,成为中国制墨技术的一大特色。

最后略作补充,墨因用于书写绘画,中国文化说"文墨"即指文书案卷,亦指写作文章的事,泛指文化知识;说"墨宝"指可宝贵的字画,也用来尊称别人写的字或画的画。

册

竹简制作有讲究

册,现代词典的解释是册子,如名册、画册、纪念册等;也作量词,如说一套书几册。这样的解释都是和纸张相联系的。然而,在纸还未出现及使用的年代,册是指书简,指的是把文字写在一根根的竹简(或木简)上,再把这样的竹简编起来的形式。不要小看竹简,它的制作有技术要求。

"册"的古字形如下:

甲骨文　　　　　　金文

"册"像一根根竖着的竹简(或木简),以编绳连缀在一起。从字形看,竹简的长短不一,出土的竹简实物也证实如此。

把文字写在竹简(或木简、木牍)上,是先秦时期古人记录重大事件、法律条文、统计数字等的一种重要手段。

最早古人在陶器、龟甲、牛骨上刻写文字,虽说可行,但实际不便。一是容纳的文字有限,二是这些材料形式不齐整,写成的文字量稍大一些,便需分在两处,缺乏严格排序,日后很容易引起错乱。

随着经济和社会发展,需要记录的文字量不断增加,用以往的方式就受到局限。于是古人想办法,开始用丝帛、竹片或木片书写,这就是所称的"帛书"、"竹简"和"木牍"。丝帛适宜书写,但价格高,不利于推广。相比之下,竹子、木材有广阔来源。尤其在南方地区,竹子广有生长,易加工成片,成本低廉,用作书写材料非常适合。然而,并不是所有的竹子或一种竹子的任何部位都可用作书写材料的,这里面有些讲究,它体现了古人的智巧。

由经验知道,刚砍伐的新鲜竹材含水量较多,写字时容易浸

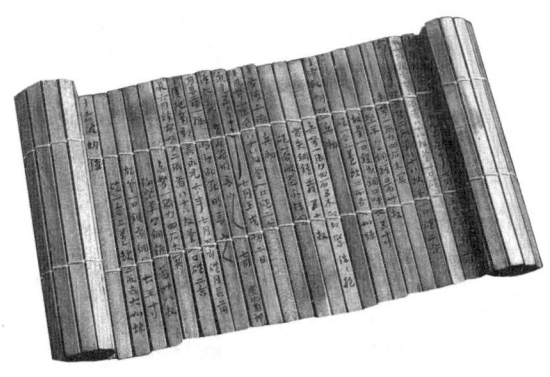

秦代竹简(复制品)

墨,不适合作简。一根竹子部位不同,使用大有差别。梢部过细,裁不出合乎宽度的竹片;竹子的下部竹节较密,加工较难,制简也不适合。

观察出土的竹简可知,竹片大都是用砍伐后的陈年毛竹制成。古人先把毛竹截成一段段的竹筒,尽量避开竹节处,无法避开的竹节要稍稍削平。再将竹筒裁成宽约10毫米、厚1.5~2.5毫米的竹条。竹条内里要削平,形成外弧内平的竹条,这就是竹简的坯料。

竹材一般都含有油质,较多的油质存在会使竹面的吸墨性较差,不利于书写。竹简的坯料最好放在含有草木灰的水中浸泡一段时间,由于灰中含有碱性物质,与竹材中的油质发生化学反应便可除去油质。出土竹简上的墨迹,一般都渗透到竹质的纤维内部,由此推测,古人在制简时采用了灰水浸泡的工艺。从出土竹简看到,有的背面(即竹材的外表面,俗称"篾青")也写有文字,字迹与正面一样流畅,如果没有采用灰水浸泡的话,篾青上是难以流利地书写的。

除了上面说的工序,对竹片还要进行定型处理。用重物将竹片压平,避免发生弯曲、扭曲等现象。干燥后再一次刮削内表面,并在竹片内面的边沿用削刀刻上两三个呈三角状的小口,以作编绳之用。每枚竹片上的刻口位置要基本相同,这样将竹片用细线编系后会较齐整,就成为一册册的竹简。考古发现,战国楚墓中有一些卷状的未书写的空白竹简,上面残留有编线的痕迹,这说明,当时古人是先将制好的竹片连缀成册再进行书写的，而不是写好一枚枚竹片再编成卷册。当然也有簿记类的简往往先写后编，或先编为短册，再将若干短册连成长册。

还有一种流行的说法，竹简在使用前都要经过杀青，即把竹简用火烘烤，使青皮油面的油焦化，然后刮去，以防虫蠹。这称为"汗简"，后来引申开来，所记录的史实也叫"汗青"，见民族英雄文天祥的诗句："人生自古谁无死？留取丹心照汗青。"文天祥说他不畏惧死，要留取赤胆忠心映照史册。追溯"汗青"，原来是和竹简相联系的。

纸

改变世界的造纸术

造纸术是中国古代的一大发明。

"纸"字在甲骨文、金文中未见,汉代时才出现并逐渐应用。文献中记载蔡伦革新造纸,因而容易使人认为汉代时才使用纸。历史事实是,在蔡伦前三百多年纸就已经出现。这也表明,技术创始在先,而文字发明会滞后。对出土的一系列西汉纸的科学检测分析,有助于我们认识一段无字的历史。

"纸"的篆文 紙 以"糸"为偏旁,可见与蚕丝有关。

甲骨文、金文中都未见"纸"字。"纸"字最早出现于汉代文献。其中最重要的有《说文解字》,该书大约写于公元100年,为东汉著名学者许慎所撰。许慎在书中对"纸"释义:"纸,絮一苫也,从糸,氏声。"

"纸"以"糸"为偏旁,可见与蚕丝有关。许慎的意思是,纸是漂洗蚕茧时附着在筐上的絮片。这是目前所知历史上最早对纸的解释,很可能也就是"纸"字的本义。《后汉书·蔡伦传》中说,"书契……其用缣帛者谓之为纸",东汉学者服虔在《通俗文》中解释,"方絮曰纸",这些说法也可参照。

因为有文献记载,容易使人认为汉代才有纸,很长一段时间学术界认可蔡伦发明纸的说法。

然而,大半个世纪以来,不断有考古发现西汉时期的纸,其时间要比蔡伦早200~300年。这就提出了一个问题:究竟是谁发明了纸?

如果同意许慎对"纸"的解释,那么最初的纸应该是丝絮纸。对此,学者们有两种不同的意见。一种意见断然否定古代有过丝絮纸,他们认为,丝纤维是动物蛋白质分子,分子间不可能缔合成氢键,因此其结合不可能十分紧密;另一些学者则认为,古代曾经有过丝絮纸,因为在丝料中可以掺和某种黏合剂,而这种黏合剂并不难制作。不过,人们至今还未发现古代的丝絮纸。

不管是否有过丝絮纸,可以肯定的是:造纸术的起源与蚕丝业有十分密切的关系。中国是蚕丝的故乡,商周时植桑养蚕已是农业的重要组成部分。经过不断的积累,汉代的丝织技术发达,丝绸贸易活跃,正是有这样的条件,汉武帝时促成开通了中西交流的

"丝绸之路"。

再看古代有关漂絮的工艺。制丝要选择茧,质次的茧只能用以制丝棉。把次茧放入热水煮,然后放入筐内或篾席上,浸入水中反复捶打,以脱去丝的胶质,晾干后即成丝棉。这种处理次茧的方法称为漂絮法,其中有两项技术后来直接移植到造纸中。一项是捶打,这在造纸中发展为打浆;另一项是借竹器沥干丝缕,它后来成为造纸中抄纸的原型。另外,练丝工艺中的碱液脱胶法也为造纸制浆所借鉴。

造纸术也从麻类纤维脱胶技术中获得重要借鉴。大麻和苎麻是原产于我国而应用最为普遍的麻类植物。利用麻纺织,必须先除去麻类韧皮纤维所含的胶质,使纤维分离出来。古代麻类脱胶技术叫做沤麻,是利用水中天然繁殖的某些菌物分泌的酶分解麻类韧皮中的胶质,以达到脱胶的目的。

把丝麻脱胶技术的主要内容结合起来,用以制造具有一定强度的纤维薄片,这样就有了造纸术。造纸术的发明不晚于西汉初年,迄今为止的考古发现表明,西汉古纸以大麻或苎麻为原料,都是麻纸。

中国早期许多技术在历史典籍中的记载非常有限,有关汉代造纸技术的记载十分贫乏,只有片言只语,如"到"、"捣"、"抄"(即切碎、舂捣、抄造)等。人们不可能从文献记载中得到汉代造纸技术的细节详情。然而,通过对出土古纸的分析,加上参考保留至今

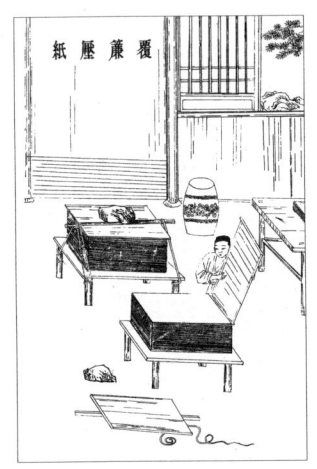

《天工开物》中记述的以竹为原料的造纸过程：斩竹漂塘、煮楻足火、荡料入帘、覆帘压纸、透火焙干

的传统手工造纸技术,有学者探索了西汉造纸的工艺步骤,明确的步骤主要有:

(1)将大麻、苎麻原料洗涤切碎,除去杂物。

(2)通过浸沤等工序制浆。

(3)舂捣打浆,促使纤维柔软,并使纤维的可塑性增强。

(4)抄造。制成纸浆,再用纸模抄纸。

从丝麻脱胶技术到造纸术的出现,经历了长时期的过程。由于纸的原料取材窄,生产的数量也少,影响了纸的普及。后来,蔡伦对造纸术进行重大革新,扩大原料范围,改进工艺,为造纸术推广作出巨大贡献。

造纸术的发明推动了中国和世界的文明进程,作为文化载体,它大大提高了宣传品和书籍的传播,后来又促进了印刷术的发明。

认 知

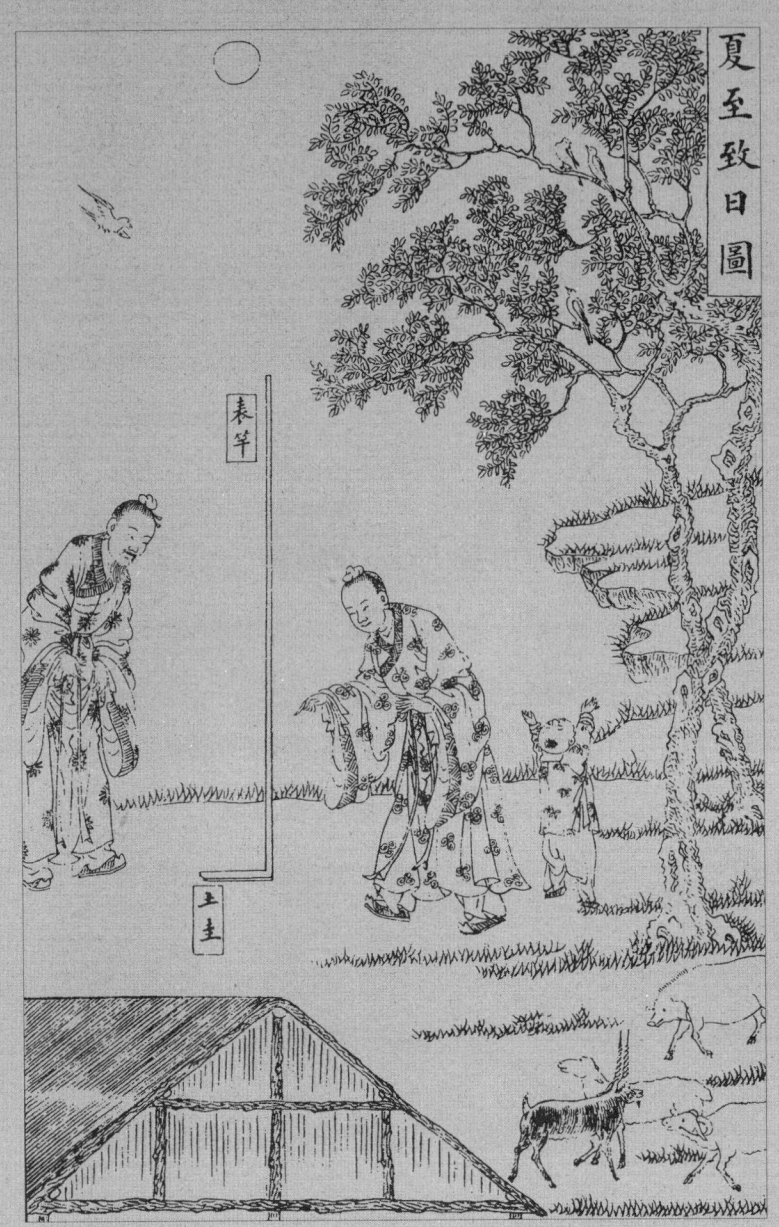

万

古人对数目字的认识

1,2,3……这些阿拉伯数字我们非常熟悉,它们是最基本、最重要的数目字。说到数目字,从对具体对象的认识到形成抽象的观念,在历史上经历了一个极其漫长的过程。中国古代数学体系的建立独有特色,曾创造出多项有影响的数学成就。追溯起来,都要从对数目字的认识说起。

数目观念的发展经历了漫长的过程。

上古时代,先民对数目的认识,是从"一"和"多"开始,再逐渐有了"二"、"三"等数目的概念。最初认识数目都是和具体的对象联系在一起,比如一只羊、两只陶罐,还没有形成抽象的数概念。通常情况下,古人可以通过手指等简单的对应关系"数"(shǔ)出物体的个数。

记数的方法有许多种,见于古文献记载的有两种,一是结绳,一是刻画。先秦古籍《周易·系辞下》:"上古结绳而治,后世圣人易之以书契",就是说的这两种方法,它们都很古老。然而究竟起源于何时,却难以考证。

结绳一般是用麻、毛、草之类材料,不易保存,所以今天很难找到古代的结绳实物。刻画与结绳不同,刻画所用材料骨、石、陶等都能长期保存,在考古中已发现不少有关的材料。

目前所见最早的实证资料是山西峙峪旧石器时代晚期遗址出土的兽骨,距今已约三万年。其中许多兽骨片上有数目不等的刻画,五以内的斜纹出现不少,表明当时已知简单数目并能运用。

随着人类由旧石器时代转入新石器时代,刻画记数逐步演化

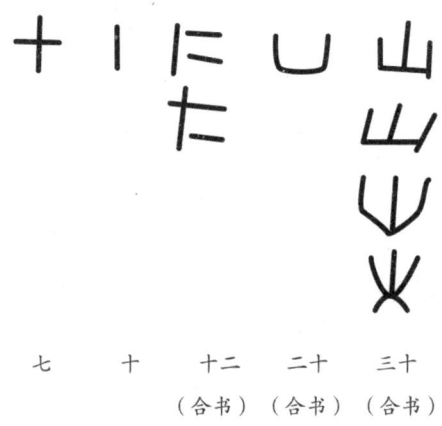

七　　十　　十二　　二十　　三十
　　　　　（合书）（合书）（合书）

城子崖遗址陶器上的数目字(距今约五千年)

为符号记数,并最终与原来的刻画分离。在西安半坡、青海柳湾、山东城子崖等新石器时代中晚期遗址中的器物上都有个数不等的数目符号。分析看出,这些数目符号和后来甲骨文中的数目字大致衔接,反映了字形演变的脉络。如山东城子崖遗址出土的陶器上有数字七、十、十二、二十和三十,写法明确。

到商代时,逐步发展起比较系统的文字,从甲骨文可以看出,所记录的数目字很多,已有数学知识的运用。

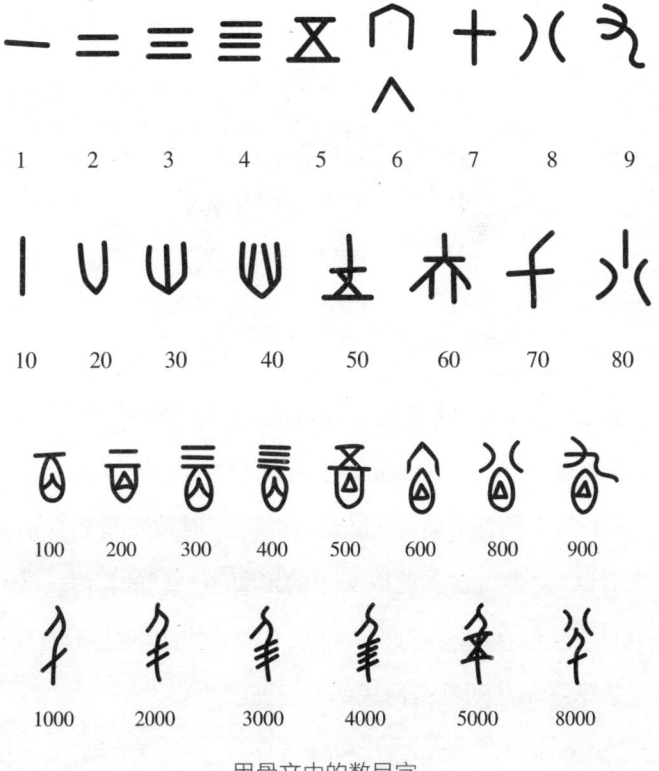

甲骨文中的数目字

甲骨文中的数字符号与早先陶文出现的刻画符号有一定联系，有些就是原来的形状，有的稍有变化。值得注意的是，由于实际需要，甲骨文中首次出现了"百"、"千"、"万"三个数名，形成了较为系统的十进制。另外，同一个数目的符号有的不一定完全一样，如"六"、"九"等就多有差别。

甲骨文中"万"字的书写很有意思，它是毒蝎子的象形。说起来有点耸人听闻，然而这是千真万确的。从"万"（繁体作"萬"）的字形看，是一个大脑袋、细身子、弯尾巴、触角前伸的蝎子形。蝎子尾刺内有毒腺，晒干后体可入药，可治惊风抽搐、头痛和风湿等病症，至今北方许多地区有人工饲养。

甲骨文中的"一万"、"二万"、"三万"

为什么古人要用蝎子表示数目的"万"？据说，在古代中原地区，这种小动物随处可见，成千上万地存在，给人以深刻的印象。再有，蝎子的头胸部有许多对螯肢和脚，一时数不清到底有多少，总起来看就是"多"，古人就取蝎子的形象为"万"的符号。当然，以这种数目字实际演算会有许多不便，但是在此基础上不断改进，中国古代数学终于从幼稚走向成熟。

"数"与"算"
以算为中心的传统数学

"数"与"算"有密切的关系。数学在中国古代称为"算术",其原因是它是运用算筹的技术,这个名称恰当地概括了传统数学以算为中心的特点。

"数"的甲骨文如下:

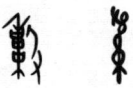

有学者认为,甲骨文来自结绳的形象。

算,亦作"筭",在甲骨文和金文中不见,其篆文字形如下:

像是双手持筹计算之形。

古代对"数"的认识是一个从简单到复杂的缓慢过程。"数"首先是作为动词出现的,起初就是借手指等简单的对应关系"数"(shǔ)出物体的个数。当数目多到一定的程度,数字发展到一定水平时,古人就想到用一个名词做概括,并且造出相应的字标记下来。造字多有直观的形象作依据,甲骨文中的"数",有学者就认为来自结绳的形象。"数"的偏旁反文,象形作手,好比用手在绳子上打结记数。按照这种理解,"数"是一种动作,因此最初的"数"是动词。由于数(shǔ)出来的是数目,便由动词的数(shǔ)变成了名词的数(shù)。

算,亦作"筭",在甲骨文和金文中还没有辨识出来,也许当时就没有这个字。字典《说文解字》释义:"算,数也。""筭,长六寸,计历数者。""算"和"筭"本是一回事,后来有了动词和名词的分化,于是它们才各领一义,清代学者段玉裁《说文解字注》:"筭为算之器,算为筭之用。"

"算"最初是动词,是计算数目的意思,如《论语·子路》记载:"噫!斗筲之人,何足算也。"这里的"算"就是数,计数。《后汉书·皇后纪序》,"汉法常因八月算人","算人"就是计算人口数目。计算工具是用"筭","筭"是用来计数的,所以"筭"又取得一个别名叫"算"(筭);就"算"来说这是用计数的动词转指计数的工具,是"算"的名物化,所以"算筭"常常连用,如《汉书·货殖传》说:"运筹算,贾滇、蜀民,富至童八百人。"

后起的"算"是"筹"变为专门计算工具的产物。这种"算"较原始的"筹"已大为缩短,《说文解字》说的"筭,长六寸",就是这种专用化的"筹"。《汉书·律历志》记载:"其算法用竹,径一分,长六寸,二百七十一枚而成六觚(正六面体),为一握。"文中提及的就是专用算具的形制及其保存方式:汉代的尺六寸约合今四寸多,二百七十一根汉尺径一分的"算"正好可以聚成一个正六面体,相当于手之一握。1971年出土的西汉墓算筹,其粗细和长短大体与此相近。古代随着算学的发展,有了表正数的"正算",表负数的"负算"。《九章算术》注"正算赤,负算黑"。

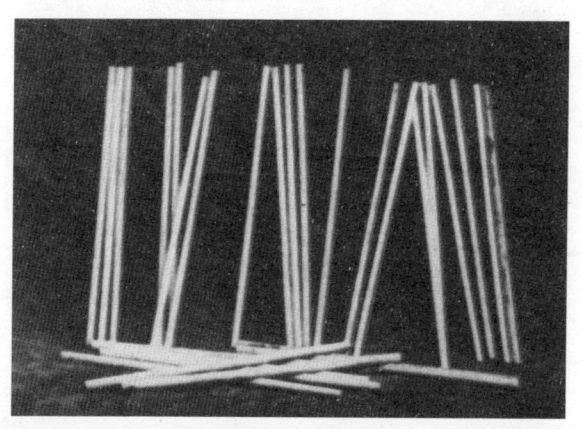

汉代象牙算筹

"算"和"筹"这对同义词后来有一个相对分工,这就是作为数学领域的术语,一般用"算",民间则仍袭用"筹"。如《晋书·王戎传》:"(戎)性好兴利……每自执牙筹,昼夜算计,恒若不足。"白居易《同李十一醉忆元九》:"花时同醉破春愁,醉折花枝当酒筹。"

用筹记数,五以下的数各当一,五以上的数以一个方向不同的筹当五,其余各当一。筹从左至右,采取十进位,纵横摆于案上,纵式从一到九列为:Ⅰ Ⅱ Ⅲ Ⅲ Ⅲ Ⅲ Ⅲ Ⅲ Ⅲ ;横式从一到九列为:一 二 三 ≡ ≣ ⊥ ⊥ ⊥ ⊥。

"筹"和"策"也常常连用,如《道德经》说"善数不用筹策",《史记·高祖本纪》说,"运筹策帷帐之中,决胜于千里之外"。这是因为"策"是编简用的竹条,有时也可拿来作算筹的代用品。

"尺"与"寸"
对物体长度的度量

在古代长度度量中,尺、寸都是重要的度量单位。尺,古代字典《说文解字》释义:"十寸也。人手却十分动脉为寸口。十寸为尺。"寸,《说文解字》释义:"十分也。人手却一寸动脉谓之寸口。从又从一。"

"尺"的古字形如下:

金文　　　　　　篆文

"寸"的篆文字形如下:

ヨ

"寸"的字形是右手下加一个指示符号,指出离手掌一寸动脉所在之处,因而作"尺寸"之"寸"讲。从"寸"的字其实都从"ヨ"(右手),如"寻"、"封"等。

依据一定的参照物,对物体长度进行度量,是古代经济、社会发展到一定阶段的需求。

最初,古人是用眼睛估摸物体长短和大小,后来改用人体的某一部分和物体进行比较。见《说文解字》:"寸、尺、咫、寻、常、仞诸度量,皆以人之体为法。"《大戴礼记》"布指知寸,布手知尺,舒肘知寻",就明确表明了这种做法。

"布指知寸",就是以手指的宽度为寸。以手指宽计量,至今仍在沿用。北方农民常在雨后扒开湿土,量量有几指深,即说"几指雨"。商代尺上已分1尺为10寸,每寸约合1.6厘米,约相当于妇女的指宽。

"布手知尺",就是以手拃为尺,张开大拇指和中指(或小指)来量长度。至今,我国从北到南,仍可见这种古老遗风。西南少数民族地区织布,百姓就多以拃度量。

"舒肘知寻",伸直左右胳膊,便是"寻"的长度。先秦尺制,"寻"为8尺,"常"是"寻"的一倍,即16尺。

先秦常称男子为"丈夫",若以今天1米等于3尺换算,高达3.3米,就都成了巨人。先秦以一拃为尺,十拃为丈。以商代尺度来计算,"丈夫"高1.7米左右。西楚霸王项羽身高八尺,是以秦汉尺度计量的,约合1.85米,也够得上是大个儿。

中国古代以手为尺,英国等欧洲国家古代则以脚的长度为尺,英语中"脚"与"尺"是同一个词"foot"。

商周是中国古代度量衡逐步建立的时期。这一时期已开始规定计量单位,并制造出具有法制性的专用测长器具。

目前所见到的最早的古尺,是商代的牙尺和骨尺。从长度看,在16~17厘米;从尺面标示看,已采用分、寸、尺十进位的长度单位制。

春秋战国时期,各国的尺度(还有容量、权衡)很不一致。秦始皇统一中国后下令统一度量衡,这对促进市场经济和科技发展有重要作用。汉代对尺、寸有了更明确的规定。据《汉书·律历志》记载,选用秬黍(有人说就是今天的高粱米)作为计量标准,一粒黍的宽度定为1分,10粒黍横排为1寸,100粒黍横排为1尺。

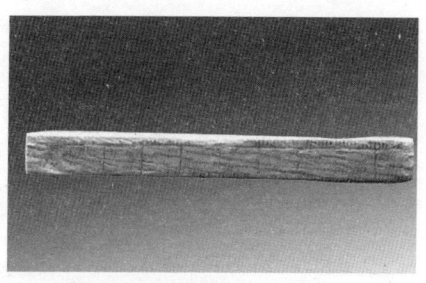

商代牙尺

从古到今,尺、寸的规定的长度是在不断变化的。商代1尺约合今16厘米;战国1尺约合今23.1厘米;东汉1尺约合今23.5厘米;以后几代又有增加,明清两代营造尺长32厘米;民国时一改历代旧制,规定1米的1/3为1市尺,每尺约合33.33厘米。

在现代科学和工程技术测量中,古代的测量单位全已不用。但作为文化延续,有关的字词却存留于我们的语汇中,如:"得寸进尺",表层意思是得到一寸就想再进一尺,常用来比喻贪得无厌;用"尺短寸长"比喻任何人、任何事物都各有长处,也各有短处;说"分寸"比喻说话做事的适当限度;而"寻常"已当作"普通、平常"的意思来用,与早先指尺度一点都不相干了。

"斤"与"两"
源自砍木工具和车轭的计量单位

斤、两都是古代重要的计量单位,与百姓的生活密切相关。追溯其起源,"斤"与砍木的工具有关,而"两"与车轭有关。

"斤"的古字形如下:

甲骨文　　　　　　金文

"斤"像一种曲柄斧的形状。

"两"的金文字形如下:

"两"字源于车辕与车衡的象形,中间的"从"表示车衡上的两个轭。

按古老的字典《说文解字》释义:"斤,斫木也。"段玉裁注解:"斤,斫木斧也。"就刃形来说,"斧"是直刃,"斤"是横刃。斤的形制和今天木匠用的锛子相似。《庄子》中记载了一个"匠石运斤"的故事:"郢人垩慢其鼻端若蝇翼,使匠石斫之。匠石运斤成风,听而斫之,尽垩而鼻不伤。"大意是,郢人在鼻端涂上白粉,让(著名工匠)匠石用斧子来砍,匠石挥舞斧子,如此精准,除掉白粉而没伤到鼻子。由此可知,"斤"的刃是横的,如果是直刃的斧,就只能站在侧面砍了。

"斧"、"斤"都是用来砍木的,古籍中"斧"与"斤"常并用,如《孟子》:"斧斤以时入山林,材木不可胜用也。"不过,"斧"的用途更广些,"斤"比斧小,是木匠的专用工具。

青铜时代,斧、斤都用模子铸成,这使得重量比较一致。随着商品交换的需要,计算重量必不可少,古人便以"斧"、"斤"为标准,从而形成一个重量单位。逐渐地,"斤"就用为"斤两"的"斤",而原来的意义被斧子、锛子代替。

"两"在古老的文字中,像古代木车中双轭的形状。轭,有点像人字形,驾车时套在马的颈部。"两"最初也是"车辆"的意思。另外在先秦时也用以称呼两个成对的事物。如《墨子》记载:"为围门两扇,令各可以自闭。"门两扇相对,所以用"两"。

汉代时用"两"来填补"斤"和"铢"之间的单位,二十四"铢"为一"两",十六两为一"斤"。铢是重量中最小的应用单位,起源不太

人字形的车轭

清楚。战国时期,"铢"和天平中最小的砝码相当。

为什么规定一斤等于十六两?按汉代典籍《淮南子》之说:"天有四时,以成一岁,因而四之,四四十六,故十六两而为一斤。"意思是,自然界有四季,四季构成一年,所以按四为基本组成单位,四乘四得十六,十六两为一斤。但这样规定似很生硬。

斤、两等市制单位在中国长期流行。直到20世纪末,科学技术已全部应用公制,民间还习惯用旧制,特别是在日常生活中买菜和油盐米面等,许多人感觉说"一斤"、"半斤"要比说"500克"、"250克"习惯。

随着中国与国际接轨,计量必然采用公制单位,斤、两无疑要退出历史舞台,然而语言中仍保留了它们的一席之地。今人有时用"斤两"比分量,如说"要掂掂他的话的斤两"。用"缺斤短两"来指责商家在经营中不公道。用"半斤八两"比喻两物或两人彼此一样,不相上下。注意,这种用法多含有贬义。

"斗"与"升"
借用而来的量器和计量单位

斗、升是古代的量器,与国家赋税和百姓生活都有关联。现代量器中已废除斗,虽然容积度量仍有"升",但古今所指容量却不一样。

"斗"的古字形如下:

甲骨文　　　　　　　　金文

"升"的古字形如下:

甲骨文　　　　　　　　金文

"升"的古字形是"斗"中加一小横,表示用斗量米;也有说表示"升"是"斗"容量的一部分。

作为容量器具和单位的斗、升,是古代社会发展到一定阶段的产物。

新石器时代初期,先民由狩猎、采集转入以农业种植为主的生活。到收获的季节,由氏族酋长把粮食平均分配给大家,分配时用手捧起或临时找一个陶罐做用具,下一次分配可能再找一件容器。在收获物远不充分的时代,谈不上有固定的量的概念。只有储备成为需要,以粟米作为官吏薪俸,定量的概念才逐步形成。

具有法制性的专用量具随着赋税制出现而逐步形成。据文献记载,周代时国家已重视度量衡,由于诸侯分封,各国的量具不一,有的差别很大。

"斗"和"升"用作量器和单位名,都是借用来的。"斗"本来是指舀酒用的器具,带有长柄。因"斗"有柄,所以后世把形状像"斗"、带柄的器物也称作"斗",如"熨斗"、"漏斗"等。北斗七星之所以称"斗",就是因为它们排列的形状像"斗"形。《诗经·小雅·大东》:"维南有箕,不可以簸扬。维北有斗,不可以挹酒浆。"诗中的"斗"指的就是北斗,诗的意思是北斗星有"斗"的形状,但却不能作器物舀酒盛浆。

春秋战国时期,"斗"借用为量具和量粟米的基本单位。与舀酒的"斗"相去日远,而且斗柄失去作用,演化为无柄之"斗"。为了区分舀酒浆的"斗"与量粮食的"斗",后代将舀酒浆的"斗"写成了"枓"。

"升"是由"勺"演化来的。勺最初也是舀酒、舀浆一类的器物,

"勺"比"斗"小。最初一勺大体上相当于一升。《考工记·梓人》记载:"勺一升,爵一升,觚三升。""勺一升"就是说一勺相当于一升,"爵一升"也就是爵容一勺酒,"觚三升"也就是觚容三勺。正因为这样,在量具里"升"和"斗"才有了进位关系。古代"升"的量值小,以著名的秦商鞅方升为例,该器内长约12.5厘米,宽约7厘米,深约2.3厘米。计算容积为202.15立方厘米,也即202.15毫升,装满水的话,其重量约合现代市制的四两。商鞅方升的价值不仅在于它是一件标准量器,它的铭文也证实了文献记载的商鞅变法的历史事实。商鞅在秦国制定的度量衡制度,为后来秦始皇统一全国度量衡奠定了基础,其影响极为深远。

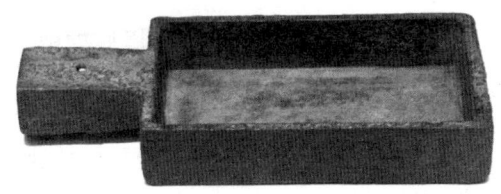

商鞅方升

秦国量制1斗等于10升,这一进位关系为后世沿用。如传世有王莽始建国元年(公元9年)铸造的铜方斗,其上口横刻篆书铭文:"律量斗,方六寸,深四寸五分,积百六十二寸,容十升,始建国元年正月癸酉朔日制。"方斗通长23.92厘米,高11厘米,容积1940毫升。

王莽始建国元年铜方斗

斗、升是古代重要的计量单位，官吏的薪俸有时就按多少斗米计算，如晋代县令官俸有"五斗米"之说。《晋书》记载陶渊明清高，说他自己"不能为五斗米折腰"，意思是"不愿为微薄的薪水向权贵弯腰低头"，因其用语生动得以在后世流传。

疒
中国最早的疾病记载

"疒",通称病字旁,在汉语字典的部首中是一大类。可以说,与疾病有关的字都带"疒",反映出古人对疾病以及疾病给人造成痛苦的认识。在长期同疾病作斗争的过程中,古人逐渐积累起治疗经验,发展出独具特色的中医药学。

"疒"的古字形如下:

甲骨文   篆文

"疒"的古字像人患病躺在床上,或加几小点,表示病人出汗。

中国传统医学有着悠久的传统,这是先民在长期同危害健康的疾病作斗争的过程中逐渐积累形成的。

关于中国传统医学的起源，文献中有不少记载，如《史记·三皇本纪》："神农……始尝百草，始有医药。"《黄帝内经》："上古圣人，作汤液醪醴。"神农、圣人创造医药均是传说，难以查考。现在能作为研究的最早的可靠文字材料，是殷墟出土的甲骨文记载。对这些记载的深入研究可知，殷商时代已形成一些医学知识，甚至可以说已有中国最早的病历和医案。

"疒"的甲骨文形，像是人患病躺在床上，本义指人生病之"病"。古代字典《说文解字》释"疒"："倚也，人有疾病，象倚箸之形。"

"疾"也表示"病"。根据甲骨文刻画看，"疾"像一个人的腋下有一支箭，表示中箭负伤。"矢伤人"，这是"外伤"性急病，与表示内科、慢性的"病"意义有区别。后来二字逐渐通用，都表示疾病。

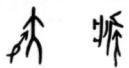

甲骨文"疾"字

金文"疾"字

甲骨卜辞中对疾病的描述都带有"疒"，除了对疾病状况的一般性记录外，还保留有大量有关各种疾病的具体记录。据统计，记录的疾病达二十多种，如疒首（头病）、疒目（眼病）、疒耳（耳病）、疒自（鼻病）、疒口（口病）、疒齿（牙病）、疒腹（腹病）、疒子（小儿病）、疒育（产科病）等，大部分是按人体不同部位来区分的。如"疒目"，就是眼有病。古代医学认为，眼病分"外障"、"内障"二类。凡暴赤肿痛,畏光惧明,名曰外障,多由风热所致。凡久病昏花,视力衰减,名曰内障,乃是虚症。卜辞记载:"贞:王其疒目?""贞:王弗疒目?"或问眼是否会得病,是眼睛已感到不舒服时所占卜;或问眼病是否延续,则是病后所占卜。

又如"自"字,在甲骨文作㠯,是鼻子的象形,为"鼻"的初文。《说文解字》释义:"自,鼻也,象鼻形。""疒自"即鼻子有病,当时是以鼻腔或鼻窦炎症为主。有卜辞记载:"贞:帚(妇)好㕣隹出,疒?"㕣以前不得其解,按此字从自从肉,有鼻中长肉之意。可以认为指的是鼻息肉。卜辞的大意是:妇好(商王武丁之妻)鼻中长出了息肉,是疾病吗?至今,医学称突出于黏膜表面的增生组织团块为"息肉",鼻息肉在中医又称为"鼻痔",它堵塞鼻腔,妨碍呼吸,并且常伴发鼻炎或鼻窦炎。医学史学者认为,该卜辞是世界上关于鼻息肉这一病例的最早记录,加之患者的身份明确,故这一记载甚为宝贵。

有些疾病在甲骨文中是根据它的主要特征,而给以专门病名的,如"疟"、"疥"等。这些材料,表明了殷人对疾病的观察和认识已达到一定水平,对于医学史的研究也有参考的价值。

甲骨文中还有一些疾病是根据生理功能失常而命名的。如"疾言",即说话困难或声音嘶哑。甲骨文中有不少关于"疾言"的卜辞,商王武丁就曾患过此病。另外值得注意的是关于"疾年"的记载,"疾年"指多疾之年,很可能是对流行病的最早记录。

殷
古老的医疗砭术

"殷",今汉语词典给出的常用字义是:丰富,丰盛;深厚;殷勤。另外也用作朝代名和姓氏。如果说"殷"与针刺有联系,怕是一般人难以想到的。而古老的文字中却透露了有关的信息,见下:

$$\text{殷} \quad \text{殷}$$

金文

从"殷"的古字形看,就像人手用一个尖状器物刺一个(有病)鼓着肚子的人。

"殷"的古字形透露出,古代使用针刺给人治病。也有学者认为,古文"殷"字反映人体腹内有病,用按摩器治疗的情形(参见温少峰等:《殷墟卜辞研究——科学技术篇》,四川省社会科学院出版社,1983年)。这种说法也有道理。

人类是在与大自然的斗争中发展的,其中必然包括同各种危害人体健康的疾病作斗争。可以想象,远古时代人若得了病,缺医少药,只能主动尝试,看什么方法有效。对脓疱一类很容易想到用尖利状物割破,放出脓血。或者身上有酸痛处,用尖利物刺一刺,或石棒的头顶一顶,就感觉舒服。治疗有效,久而久之就形成了专用的医疗工具。

根据文献并结合考古文物知,砭石是一种古老的医疗工具,用砭石治病后来就称砭术,这是十分古老的医疗方法。《黄帝内经》记载:"东方之域,……其病皆为痈疡,其治宜砭石。""故其已成脓血者,其唯砭石铍锋之所取也。"《说文解字》解释:"砭,以石刺病也。"由这些记载可知,先民最初就是用"砭石",即用石头尖刺身体某个部位,或用石片的利刃切割脓疱。随着青铜冶炼出现,才逐步改用金属针。实际上,砭石不只是用于刺或切割,还有其他多种用法(参见本书《砭——独特的医疗工具砭石》一文),砭术内容十分丰富。

从夏商周三代到西汉,砭术一直为历代名医所应用。司马迁所著《史记》中有《扁鹊仓公列传》,其中记载了扁鹊使虢国太子起死回生的故事:扁鹊经过虢国,遇上虢太子暴病身亡。扁鹊认为虢太子没有死,只是昏厥。在徒弟的帮助下,扁鹊将针术和砭术并用,先使太子苏醒过来,脱离了危险,而后再用药物调理,最终使太子完全康复。

太仓公是西汉文帝时的名医,复姓淳于,名意,《史记》记载了他医治疑难病症的许多实例,其中讲到砭术是太仓公传授的医学内容之一。

然而自东汉起,史书和医学典籍中很少再有关于砭术的记载。据《后汉书·华佗传》记载,东汉名医华佗精于药、针、灸,还首创全身麻醉外科手术,对传统医学作出了重大贡献。但《黄帝内经》中的砭、针、灸、药四种医术到华佗这里只剩下针、灸、药三种,看不到砭术的踪影。

直到西汉尚存的砭术,到东汉竟消失了,唐朝时已不再有人使用砭术(除民间个别的)。唐代学者颜师古感叹道:"古者攻病则有砭,今其术绝矣。"

砭术为什么失传?现在知道,其原因是制作砭具的特殊石料很难找。20世纪80年代,一些学者到处寻觅,终于在山东南部找到一种泗滨浮石,由泗滨浮石制作的砭具有非常好的医疗保健效果。古砭具重返人间,古老的砭术得以发扬光大。

再说回到"殷"。"殷"和古老的砭术联系,有学者认为,"殷"最初的意思是用针刺治病,"殷"是针刺,针刺必中患处,故"殷"有"中也"的意思(见《尔雅·释言》)。先秦古籍《尚书·尧典》说"以殷仲春",《尚书·禹贡》说"九江孔殷"的"殷",历代学者大都解释为"中也","正也",就是说的这一理由。另外,以针刺病,常流脓血,故"殷"有"赤黑色"义,这一意义中,"殷"音读为"烟"。今人仍用"殷红"一词,就是指带黑的红色,常用来形容有一段时间的血迹。

至于"殷"作为"殷实"、"殷切"之用,是后来转义和引申的结果,已很难看出和原义的联系了。

砭
独特的医疗工具砭石

"砭",汉语词典的主要解释是:(1)古代治病用的石针。(2)用石针扎皮肉治病,如说"针砭"。

砭,更准确地说是砭石,是在金属针兴起以前,古人用来除痈肿解病痛的工具,并由此发展起一种用砭石做治疗的医术。砭术在《黄帝内经》等古籍中有记载,扁鹊等古代名医都是熟练使用砭术的高手。

20世纪80年代,一些学者找到制作砭具的佳石,在考证文献的基础上挖掘砭术,使这一古老的医疗保健术重新发扬光大。

在距今数万年乃至十几万年的旧石器时代,还谈不上专用的针刺工具,用于生产的刮削器、尖状器等,同时也被用来治病。它们都是一些粗糙的、稍经加工的天然石块。到新石器时代,先民掌握了两头打制和磨制的技术,能够制出种类较多而又比较精细的石器,逐渐有了适合医用的砭石。

砭石是一种锐利的石块,它作为后世刀针的前身,可说是最早的医疗工具。它主要被用来破开痈肿,排脓放血,或用以刺激身体的某些部位,以消除病痛。为了适应穿刺或切割的需要,砭石的制作或有锋,或有刃,所以古代又称砭石为针石(有锋)或馋石(有刃)。

考古发现的砭石呈多种形状,有剑形、刀形、针形等,多数出于新石器时代到春秋战国时期。后世金属针就是在用砭石(另外也用骨针等物)治病的基础上发展而来的。如1978年在内蒙古达拉特旗树林召公社,从一批古铜器中发现的一枚青铜砭针,其形状、大小酷似1963年在内蒙古多伦县头道洼新石器时代遗址中出土的一根磨制的石针。此石针长4.5厘米,一端扁平,有半圆形刃,可切开脓肿;另一端呈锥形,可作针刺之用。中间手持处为四棱形。经鉴定,它被确认是针刺的原始工具——砭石。另有河北满城汉墓出土的金针,也与此枚石针具有共同的方形柄特征。

对古代的砭石研究,可按用途分为几类,如用于熨法的砭石,用于切割痈脓、刺泄瘀血的砭石,用于按摩的砭石和用于叩击的砭石。

(1)用于熨法的砭石。1964年在湖南长沙下麻战国墓中出土了一种扁圆形石器,长6厘米,两端有琢磨痕和火烧裂痕,一面光滑如镜,显然是用来煨热后熨烫患处的。

(2)用于切割痈脓、刺泄瘀血的砭石。这类砭石的形式多样,有凿形、锛形、刀形、镞形、针形等。如1965年湖南华容县长岗庙新石器时代遗址中出土了三件磨制精细的类似的锛状石器,最大的一件长6厘米,最小的一件仅长3.2厘米。三件都是单面斜刃,刃口锐利,作为砭石用,可以容易地切开皮肉(见下图)。

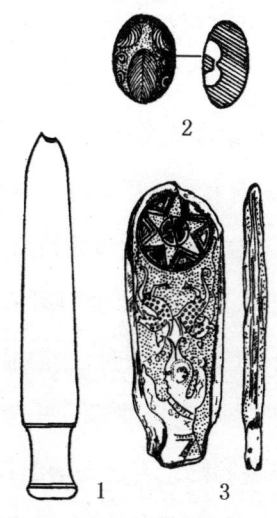

古代的砭石

(3)用于按摩的砭石。1964年湖南益阳桃博战国墓出土一件凹面圆石,直径3.2厘米,内外两面都有明显的摩痕,凹槽中能容纳一手指指腹,据分析是用于按摩体表的。

(4)用于叩击体表的砭石。这类砭石形体稍大,多数呈棒槌状。

其实砭石的外形并不是重要特征,它的奇特之处在于,不是随便用什么石料都可以制作的。古人经过长期的摸索认识到,有些石料制作砭石具有不同寻常的效果,但这种石料很少。正因为砭石料难找,西汉时还存在的砭术,到东汉时竟然消失了。东汉学者服虔说得好:"季世复无佳石,故以铁代之耳。"

20世纪80年代,一些学者到处寻觅,终于在山东南部地区找到一种泗滨浮石,发现由这种石料制作的砭石具有非常好的医疗保健效果。中国核工业地质分析测试研究中心的检测结果表明,泗滨浮石是以碳酸钙为主要成分的岩石,它含有人体必需的钙、铁、磷、钾、钠等元素,不含有毒物质,放射性物质低于普通岩石,不会对人造成不良影响。中国科学院地质研究所对泗滨浮石的微量元素分析表明,泗滨浮石含有的钛、铬、锰、锌、锶和多种稀土等有益于人体健康的微量元素达三十余种。

中国科学院遥感应用研究所进行了泗滨浮石对人体影响的红外遥感检测,发现人体受检部位会出现增温现象,增温的幅值因人而异,一般为0.5~2℃。目前对这一现象的机理还不能作出圆满的解释。(参见耿乃光等:《砭术疗法》,中国医药科技出版社,1998年,第9页)另外,国家地震局地球物理研究所对泗滨浮石做了超声特性检测。结果发现,用泗滨浮石制成的砭板刮擦时发出的超声脉冲大大高于普通的刮痧板和其他岩石。对泗滨浮石的科学检测表明,它确实是一种制作砭具的佳石。当然,泗滨浮石是否就是古人所用的石料,这还需要进一步的研究。

丹

古代丹砂的应用

丹，即丹砂或朱砂，它是古人最喜爱的红色颜料和涂料，也是古代炼丹术士的主要用料之一。对丹的认识和应用，从一个侧面反映了中国古代有关科技的活动。

"丹"的古字形如下：

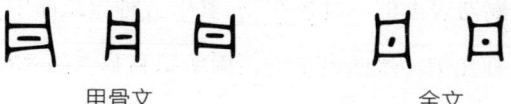

甲骨文　　　　　　金文

"丹"的古字框子像采丹井形，中间的黑点表示丹砂。

丹，即丹砂或朱砂，化学成分为天然硫化汞（HgS），在自然界中以晶体形式存在，因形似沙砾，所以古人称之为"丹砂"。丹砂以湖南辰州（今沅陵地区）所出的最有名，所以也叫"辰砂"。丹砂色泽鲜红,所以红颜色在古代也称"丹"。见《广雅·释器》:"丹,赤也。"《诗经·秦风·终南》:"君子至止,锦衣狐裘,颜如渥丹。"诗句形容人面貌之美,如同涂了丹砂一样。

丹在什么情况下都不褪色,因而可成为极好的红色染料。根据考古资料知,距今约七千年的浙江河姆渡遗址出土的木质漆碗,器壁外就用了天然丹砂做彩绘颜料。距今约五千年的浙江良渚文化遗址中的木盘,由检测了解到也用丹砂做添加剂。

到商代,用丹砂做颜料渐多,丹砂以其鲜红晶莹得天独厚的质地受到人们重视。到周代,用丹砂演变成一种红色崇拜。《礼记·檀弓上》记载:"夏后氏尚黑","殷人尚白","周人尚赤"。周天子宫室的地面敷朱红色涂料(可能以血料掺和丹砂),称为"丹地"。《礼记·郊特牲》记载有"丹漆雕几之美",宫室与用品为赤色,用来表示华美和造成热烈隆重的气氛。

商周时的许多丝织品也用丹砂为染料。在河南殷墟妇好墓出土了黏附在铜器表面的一批丝织物,其中五种丝织品中有色帛,用丹砂涂染的有九例。陕西出土的西周纺织和刺绣品,绣线有红、黄两色,据检测是用丹砂和石黄平涂上去的。到春秋战国时,盟书和漆器等,都广泛地用丹砂做红色颜料。

另外,丹砂在汉代还作为化妆品使用。如江苏连云港海州西汉墓有出自女棺的漆妆奁一套,其中一个小圆盒中装有红色脂粉,经鉴定为硫化汞,据推测,当时妇女用的化妆品"胭脂"就是用丹砂

《天工开物》所载研朱砂、澄朱砂图

配制的。

　　魏晋南北朝以后，在各地的石窟、墓室、寺院壁画中大都用朱砂做颜料。其中以敦煌壁画应用的时间最长，用量最多。彩绘中因朱砂质量的差别，而将朱砂用于壁画的不同部位。颜色鲜红的上品朱砂用在主佛的嘴唇和面部，着色面积小。质量次些的用于打底或涂不重要的地方。这种情况反映出朱砂可能来自不同的产地，价格也会有差别。

　　自战国时代起，炼丹之风逐渐盛行。因为水银可以溶解、析出众多的金属，而且自身形态多变，所以"丹"成为古代炼丹术士选用的主要原料。《史记·孝武本纪》记载："少君言于上曰：'祠灶则致物，致物而丹沙可化为黄金。黄金成以为饮食器则益寿，益寿而海中蓬莱仙者可见……'"《抱朴子·金丹》记载："凡草木烧之即烬，而丹砂烧之成水银，积变又还成丹砂，其去凡草木亦远矣，故能令人长生。"炼丹总的说来充满了迷信色彩，但在长期的实践中，古人由炼丹增加了对物质化学性质的认识，形成了一些化学知识，对火药的发明起了促进作用。

　　古代炼丹术士认为服丹可以长生，所以"丹"是"灵丹妙药"的"丹"，有精制的药品也称为"丹"。这一用法流传下来，如我们夏天常用的一种防暑药"人丹"，小圆颗粒，外表显红色。

　　古代把"朱"叫红色，所以红色的丹砂也称"朱砂"。"丹"与"朱"的不同在于："丹"是指自然状态存在的丹砂矿，而"朱"表示人由水银还原的朱砂,即所谓"银朱"。李时珍在《本草纲目》中说:"丹乃石名……后人以丹为朱色之名,故呼朱砂。"同书还说:"昔人谓水银出于丹砂,熔化还复为朱者,即此也。"

旦

对日出的形象描绘

旦,最基本的意思是天亮,如"通宵达旦";再有当作某一天讲,如一年之始是"元旦"。其古字形如下:

从金文刻画看,太阳刚刚升起尚未完全离开地面,有一团阴影(或说云气)相连。后来阴影写成一横,而且与太阳分开,于是字形就成"旦"。

日出日落,是古人最早观察到的自然现象之一。太阳带来光明,驱走黑暗,温暖大地和万物,这很容易使古人对太阳产生崇拜和畏惧。对太阳的描绘也很早就是古人做图形或符号表达的题材之一。

今天所见甲骨文的"旦",距今已有三千多年。而实际上,它的形体可以追溯得更远。在五千多年前的陶文上就存在有关的信息。如在山东莒县陵阳河和诸城前寨的大汶口文化遗址中出土有四件陶尊,在它们的相同部位各刻有一个图形文字。古文字专家研究认为,其中两个就是反映日出的意符字(见下图)。于省吾先生释为"旦"及"旦"的繁体,邵望平先生解释为"旦"及从"旦"的另一个字。(参见《远古文明的火花——陶尊上的文字》,《考古》1978年第9期)邵先生分析,陶尊作为祭祀礼器,其刻文与农事、天象有关。而王树明先生则认为,符号应释为"炟"和"炅"二字。(参见《东夷古国史研究》第一辑,三秦出版社,1988年,第29页)关于"炟"的象形字依据,王树明先生解释说,他曾到莒县陵阳河实地考察,发现在遗址东5华里处,有一座山,五峰并立,中间主峰突起。春秋两季八九点钟时,太阳从正东升起,恰好高悬于主峰之上,如象形字"⛰"的五个山头。据《山海经》记载,"日月所出之山凡六","日月所入之山凡六"。由东向西,两两对应。由于地球绕太阳公转,一年中日月的升落点并非固定在一个山头,会逐渐地南移和北移。

大汶口文化遗址出土陶尊上的图形文字

鲁晓波画作《日、月、山》

这就是《山海经》所记日月出入的山头非一个而为六个的缘故。如果这一说法可信,似可说明大汶口文化时期的先民已利用"山头纪历"的原始方法,也表明当时人们初步掌握了季节概念。

对陶尊上的文字,科学家和艺术家不拘泥于以上的解释,如著名物理学家李政道认为它们更像是日、月、山。李政道先生说:"中国文化有几方面与其他古代文化不同。唯有它是从新石器时期延续至今的,唯有它是基于自然和人类的和谐而不是根据任何专制者的口味。在大汶口发现的新石器时期的雕刻'日、月、山'就是一个极好的例证。"李政道先生认为艺术家鲁晓波的画《日、月、山》是"同一主题的现代演绎:日、月、山这三个自然界的重要元素与人类的统一。山峰上两个天体,浑似一人形。这一哲学和神话式的组合似乎抒发了我们对自然的深厚情感"。(参见李政道主编:《科学与艺术》,上海科学技术出版社,2000年,第147页)李政道先生的话值得体味。

中

一种最古老的天文仪器

中,极常用的一个字,它组成一连串的词,中国、中心、中央、中等,中庸……若问"中"的初义是什么,它与古代科技有什么联系,说来是个有趣的话题。

"中"的古字形如下:

甲骨文　　　　　　　　金文

由上可见,"中"是一个象形字。像带有飘带的杆子,垂直立在地面上。杆子上是二根、四根、六根或在金文上是许多根带状物(或是绳子),而不是面积较大的旗帜。

"中"在甲骨卜辞里是一个常见字,用法也有多种。

方形框在"中"字的最原始的字形里不一定有,但在以后的"中"字的结构中却不可少。正是这一点,使它区别于表示旗帜飘扬的甲骨文字。

根据古文字学家的解释,"中"字的结构是表示一根插入地面的杆子,垂直于四方形标识的地上。从它的空间位置来说,从上到下,垂直立着,处于地上和地下之间,所以又有上下顺序里的上、中、下"中"的含义。同时,它又立在一块四方或圆形地面的等距离的中心点上。

卜辞中有不少关于"立中"的记载,过去有学者认为是"立旗卜风"的意思,也有人认为占卜的重点是"中"的建立,如果"立中"那天有风,旗和旗杆被风吹倒,就表示凶兆。

而据萧良琼先生等人的研究,"立中"的作用实际相当于后世圭表测影的表,这是一种最简单、最原始的测量天文仪器。(参见《卜辞中的"立中"与商代的圭表测影》,《科技史文集》第10辑)

圭表测影的起源很早。西方著名科学史家李约瑟在《中国科学技术史》书中说:"在所有天文仪器中,最古老的是一种构造简单、直立在地上的杆子,至少在中国可说是如此。"在同书中刊出了一张照片:位于东南亚海域的婆罗洲,某部落的两个人在夏至日于地面上立表杆用圭尺测量日影长度,这说明近代少数部落还在使用表杆和土圭。

"立中"测影

圭表测影有一个漫长的过程,在实际生活中,古人逐渐产生判定方位和掌握季节的需求。而立一根杆子观测日影的方向和长度变化,是最简单实用的方法。

在地面上插一根杆子,杆子上再扎一些带子,在无风的晴天,带子如果都贴于杆子,就表示杆子是直的,也即垂直于地面。以杆子为中心坐标点,作一个方形,使它的每一边表示一个方向。这些都是"立中"简单而形象的反映。

由上所说,把"中"理解成"表"这种简单的天文仪器,重新解读一些古文句子,会发现有不同的解释。如《论语·尧曰》开头说:"尧曰:咨!尔舜!天之历数在尔躬,允执其中。四海困穷,天禄永终。"著名学者杨伯峻先生译成白话是:"尧(让位给舜的时候)说道:啧啧!你这位舜!上天的大命已经落在你的身上了!诚实地保持着那正确吧!假若天下的百姓都陷于困苦贫穷,上天给你的禄位也会永远地终止了。"(见杨伯峻:《论语译注》,中华书局,2009年第3版,第205页)如果我们把文中的"中"理解为"表",把"天之历数"理解成"天地自然运行的规律"(或简称"天道"),通过"表"来认识天地运转的道理,不是更贯通易懂吗?

"中"在古代后来演变为哲学术语的"中庸之道"。正如"规矩"、"权衡"的演变一样,最初它们都是某种度量客观事物的工具,后来演变成了专门的政治和哲学术语,人们反而忘记了它们的原意。

最后再强调一下,"中"是最古老的一种天文仪器,人们最先是通过它来了解天体运行的客观变化,从而形成主观的认识。"中"的所在地是人们去认识这个变化的出发点,也就是人本身所在的位置。地球上的任何一点都可以是中心,但东、南、西、北方向顺序却不能变,那是依太阳视运动的投影决定的。人是从自己所在的点来观察地球在宇宙间相对位置的变化。

"中"的本义后来为"表"所用,"表"区别由"中"衍生出的多种意义(从空间、时间、顺序、里外……一直到政治术语)。我们淡忘了"中"的本义,只有在甲骨文中还能找到它的原形。

虹

从观察到解释

虹是大气中一种光的现象,是空气中的小水珠经日光照射发生折射和反射作用而形成的弧形彩带,由外圈到内圈排列红、橙、黄、绿、蓝、靛、紫七种颜色,出现在与太阳相对的方向。"虹"的美丽很早就引起古人的注意,对虹的观察和解释从一个侧面反映了古代科学认识的曲折过程。

"虹"的古字形如下:

甲骨文　　　　　　　　石鼓文

从甲骨文刻画看,"虹"也像是身体呈弧形的双头怪兽。

"赤橙黄绿青蓝紫,谁持彩练当空舞?"雨后天空美丽的彩虹,引起人们由衷的赞叹,而彩虹的成因也促使人们思考和回答。

由现代科学知道,虹是日光照在空中浮游的水滴上经反射和折射形成的现象,"虹"出现的方位总是与太阳的方位相反。上午出现于西,下午则出现于东。因而古人将上午的虹称为"𬯎"(音读机),下午的虹又称为"蝃蝀"(音读帝东)。《诗经·鄘风·蝃蝀》首句:"蝃蝀在东,莫之敢指。"接下一句:"朝𬯎于西,崇朝其雨。"正是区别了虹的朝夕和东西方向而言。

"蝃蝀"与"虹"部首皆属"虫",这是因为古人曾把"虹"误认为是身体呈弧形的双头怪兽,是天上的一种神兽。见《汉书·燕刺王刘旦传》记载:"是时天雨,虹下属宫中饮井水,井水竭。"《异苑》记载:"晋陵薛愿有虹,饮其釜澳,须臾翕响便竭,愿辇酒灌之,随投随涸,便吐金满釜。"从古文记载看出,"虹"经常来下界吸水,当时人们想象中的形状大概与龙相似吧。

因虹的两端接地,古人曾用阴阳之气来解释。如汉代刘熙在《释名》中说:"虹……又曰美人。阴阳不和,婚姻错乱,淫风流行,男美于女,女美于男,恒相奔随之时,则此气盛。"这种说法显然是荒诞的。

汉代以后,古人对虹仔细观察,逐步形成了比较科学的解释。唐初学者孔颖达指出,"若云薄漏日,日照雨滴则虹生",这里已没有任何阴阳学说的味道。唐代张志和在《玄真子·涛之灵》中记载,有人向日喷水,做形成虹的模拟实验。更为可贵的是,南宋时程大昌对单个水滴的色散现象做过仔细观察,得出了重要认识。他在《演繁露》一书中指出:水珠被"日光入之,五色具足,闪烁不定,是乃日之光品著色于水"。明末清初,著名学者方以智对前人观察到的各种色散现象作了全面总结,他在《物理小识》中写道:"凡宝石面凸,则光成一条,有数棱则必有一面五色。……峡日射飞泉成五色;人于回墙间向日喷水,亦成五色。故知虹霓之彩,星月之晕,五色之云,皆同此理。"方以智指出,天上云气,初霁雨露,江上飞泉,墙间喷雾,天然明石,人造水晶,只要它们承日所照,皆成五色,所有色散现象的道理都是相同的。

然而,中国古代没有像西方科学家那样做三棱镜实验,缺乏对日光折射形成光谱的细致观察,又由于受"五色"观念(即认为各种各样的色品皆可归于青、赤、黄、白、黑五种颜色)的局限,这就阻碍

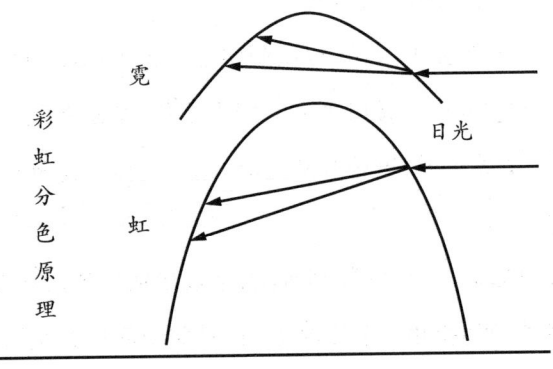

彩虹成因示意图

了对虹成因的进一步探讨。

由现代科学知道,虹分主虹和副虹两种,如同时出现,主虹位于内侧,副虹位于外侧。主虹由阳光射入水滴,经一次反射和两次折射而被分散为七色,色带排列是外红内紫。副虹称为"霓",由阳光射入水滴经两次折射和两次反射所致,色彩不如主虹鲜明,色带排列为内红外紫。再进一步的研究更深入了解折射与反射现象,其本身可从一个包罗万象的麦克斯韦方程推算出来,这显示了极为深层的物理学架构的美。

机

有轴可动的杠杆

"机",如今是一个常用字,用"机"组成的词很多,如机器、机械、机会、机要、机关、心机、日理万机等等。

"机"在古代是一个内涵颇丰富且又有些微妙的字,对"机"的分析可看到有趣的观点,甚至有"机发论"之说。

"机"繁体作"機",而"機"在古代先是为"幾",其金文字形如下:

"幾",古老的字典《说文解字》释义:"微也,殆也。从丝从戍。戍,兵守也。丝而兵守者,危也。"丝为两个幺合写,"幺"的写法在甲骨文中有点像蚕丝形,但实际不是(可对比"糸"的写法,参见本书《糸——缫丝技术的副产品》一文)。有学者说"幺"像胎儿形,也不准确。但很有可能"幺"是指某种幼弱的生命,如幼虫、幼苗、幼株等。戍,从戈从人,是卫士。分析"幾"可知,它含有"幼弱,有生命力,重要而不安全,须严守"的意思。

至迟在春秋时代有了"機"(以下均写为"机"),它本是指具体实物的词,与原来的"幾"(以下均写为"几")关系密切,后来由"机"演变为抽象词。再晚些年代,"机"与"几"两个字也常通用。

按科技史学者李志超先生的观点,"机"的本义是指机械装置中绕轴而动的部件。古代有"璇玑"一词,有时也写作"旋机"。关于"璇玑"究竟为何,历史上一直争论,迄今没有统一认识。若把"璇玑"作为一种天象(众星围绕着北极星转动)看,就会得出下面的解释,见汉代学者伏胜《尚书大传》关于"旋机"(即璇玑)之说:

旋机者何也?传曰:旋者,还也;机者,几也,微也。其变几微,而所动者大,谓之旋机。

李志超先生据此分析:这"机"描述的正是轴动之物。微变的是近轴的部位,也即北极星处的小区域,带动的却是达千万里的天穹。(参见李志超:《机发论——有为的科学观》,《自然科学史研究》9卷1期,1990年)

在中国古代,机与车两者都是有轴的器物。车,按甲骨文字形,是指有轮子的交通工具。推而广之,有轮之物都可以称为车。再进一步,循环转动之物也可称为车。许多用于灌溉的农业机械如筒车、翻车，纺织机械如纺车都叫做车，就是这个道理。这种约定俗成的称谓延续下来，如近代将蒸汽机房叫做"车间"，将利用旋转削铁的机器叫做"车床"等，就体现了这种渊源。

机是工作器械，有轴，但一般不做轮子那种周而复始的运动。伏胜以"旋机"指天象，已属于轮转运动形式，这是"机"与"车"交错使用的一个特例。一般情况下，不做周圈旋转的机械称"机"，有轮子而做周圈旋转的称"车"。

《庄子》中有一个关于桔槔的故事涉及"机"，有些哲学意味。故事说，子贡途中见一老人抱瓮入井，取水浇园，非常辛苦。子贡就对老人说："有械于此，一日浸百畦，用力甚寡而见功多……凿木为机，后重前轻，挈水若抽，数如泆汤，其名为槔。"

哪知老人根本听不进去，反而讥讽子贡："有机械者必有机事，有机事者必有机心……"在科技史研究中多取这段资料来证明中国出现杠杆机械。子贡说的"凿木"应是做穿轴的孔，有轴的杠杆叫"机"，而整体器物称为"械"。在老人口里，也连称"机械"。

中国古代和"机"最有联系的实际器物是"弩机"。弩约发明于战国时代，起源于弓，但与弓大不一样，它的能量输入方式是累加的，且与瞄准操作相分离。弩发明的核心在"机牙"，即"扳机"，也简称"机"，它是个微型轴动杠杆，而其作用正与《说文解字》"机"字的释义完全符合。现代枪炮发射装置都有一个"机"，其作用也是以小制大，即以小能量来控制巨大的能量。

由弩机延伸,触发式捕兽器械也称"机"。《庄子·山木》:"丰狐文豹……不免于罔罗机辟之患。""机辟"即是此类,今称"夹子"。后来有"机阱"一词表示害人的阴谋圈套,与抱瓮灌畦的老人所说"机心"相近,所谓"机关算尽"的用法也属此类。

归纳起来,"机"这个字从指有轴可动的杠杆开始,逐步演化出两支字义:一是指一般的机械。一是指抽象的事物,这种含义延伸颇广,如:机会、机遇、机缘、机要、机构、机巧等等。也有根据不同情况或作具体或作抽象的用法,如"机关",可以指"整个机械的关键部分";也可指"办理事务的部门",如说"机关工作";还可以用来指"周密而巧妙的计谋",如"识破机关"等。

和

中国古代"和"的技术观

"和"是我们非常熟悉的字,含义非常丰富。其基本含义有:(1)表示事物状态,如:和顺,和善,祥和;(2)表示事物属性,如:柔和,温和,暖和;(3)表示事物内在或与其他事物的关系,如:和谐,和好,政通人和;(4)作为动词,表示协调的含义,如:调和,和解;(5)作为动词,表示跟随、协同,如:随和,附和;(6)作连接词,如:中国和日本,等等。正因为"和"的含义宽泛,"和"被用于古代哲学,也体现于古代的技术观念中。

"和"的金文字形如下:

古老的字典《说文解字》解释:"咊,相应也。从口,禾声。""和"的初文作"咊",后作"和",意为口味的调和与和美。《尚书·说命下》说:"若作和羹,尔惟盐梅。"以调料来调和食物,达到口味之和,而这样的事物亦以"和"命名,这就是"和"的本义来历。

"和"既从口、禾声,也有可能源自声音的相应与和谐。

"和"在中国古代被纳入了哲学范畴。作为哲学理念,"和"最早是由周代的史官史伯予以界定的,见《国语·郑语》记载:"夫和实生物,同则不继。以他平他谓之和,故能丰长而物归之。若以同裨同,尽乃弃矣。故先王以土与金、木、水、火杂,以成百物。"这里,"和"是以"异"为前提的。他与他相异,"以他平他",即不同事物的相互作用,才能促进事物的发展。如果以相同的事物叠加,即只能窒息生机。史伯的论述是深刻的,是"和"的哲学的理论依据。

"和"的概念被古代思想家不断引申、发展,含义丰富,"和"的哲学对中国的国民性格、文化心理、行为方式等方面产生了广泛的影响。如许多学者指出,中国古代的自然观是一种有机、整体和综合的自然观;同样,中国古代的技术观也是一种有机、整体和综合的技术观。而正是"和"字相当准确、明白地表述了这种技术观的本质,这在涉及技术的古文献中,有较多的体现。

如先秦时期重要的手工业技术著作《考工记》,通篇表现出来的是一种"和"的思想。书中强调:"天有时,地有气,材有美,工有巧,合此四者,然后可以为良。"这里的"合"也即"和"的意思,即认为必须具备了若干的技术要素,而且把这些要素和合起来,才能实现预期的技术目标。这是对技术的整体而言,而在具体的工艺制作过程及各个环节中,同样贯穿着"和"的观念,如:"轮人为轮,斩三材必以其时,三材既具,巧者和之。"又如:"弓人为弓,取六材必以其时,六材既聚,巧者和之。"讲的就是在车轮和弓的制作过程中,通过将适时的材料有机地结合起来,才能制作出优良产品的道理。

在《北齐书》中记载綦母怀文制宿铁刀,以生铁和熟铁合炼,"数宿则成刚"。宿的本意为男女交媾,在此借喻生铁熔融所产生的铁精与熟铁相和合而成为宿铁,亦即《道德经》所说"冲气以为和"的意思。后世称此工艺为"生熟相和,炼成则钢"是非常恰当的。

值得注意的是,传统冶铁业使用的术语多与烹调术、医术等相通,如称冶铁为烹矿、蒸矿、煮铁、煎铁、炒铁等等。就合金配制来说,《考工记》有"齐"之说。"齐"即剂,亦即和剂,意指不同金属原料按一定比例相和而成为合金。其后,用炉甘石(碳酸锌)配制黄铜(铜锌合金)以及用砒霜等砷化物配制砷白铜(铜砷合金),于文献中又多以"用药点化"名之。这就又与医术相沟通了。而上述就材料制备的角度看,都是以和的手段与方法达到材性的坚柔之和。

明代集百工技艺之大成的著作《天工开物》,作者宋应星继承了中国古代有机技术观的传统,同样以"和"的技术观为其出发点。

《天工开物》的书名以及书中多处将"天工"与"人工"相提并论的现象，体现了宋应星把天工与人工作为一个整体来看待的观念，亦即中国古代所特有的"天人合一"思想。如讨论冶铁术，宋应星论道："凡铁分生、熟，出炉未炒则生，既炒则熟。生熟相和，炼成则钢。"生铁性脆，熟铁过柔，这是两个极端，是乖的表现，"乖"就是"不和"。而将生铁与熟铁合炼，使之刚柔相和，便成为质地良好的钢铁，亦即灌钢。又如关于火药的记叙："凡火药，以消石、硫黄为主，草木灰为辅。消性至阴，硫性至阳，阴阳两神物相遇于无隙可容之中。……凡消性主直，直击者消九而硫一；硫性主横，爆击者消七而硫三。"这里虽无"和"的字眼，却清楚地表达了"和"的技术观，火药的成分硝石和硫黄是一阴一阳，二者相和，则产生火药。在这里，作者对"和"的观点有了新的发展，对不同的混合比例下所产生的结果的不同用途，给出了量化的描述。在《天工开物》全书的最后，也有这样的记载："凡硝见火还空，其质本无，而黑铅为重质之物。两物假火为媒，硝欲引铅还空，铅欲留硝住世，和同一釜之中，透出光明形象。此乾坤造化，隐现于容易地面。"这又是"和"的技术观的体现。这里硝属"无质"，铅属"重质"，两者在"硝欲引铅还空，铅欲留硝住世"的相辅相成中，生成了新的物质玻璃，这就是"乾坤造化"，也是"和"的思想的体现。（参见华觉明：《"和"的哲学——从中西冶金技术差异看中国文化》，香港《二十一世纪》1996年10月号）

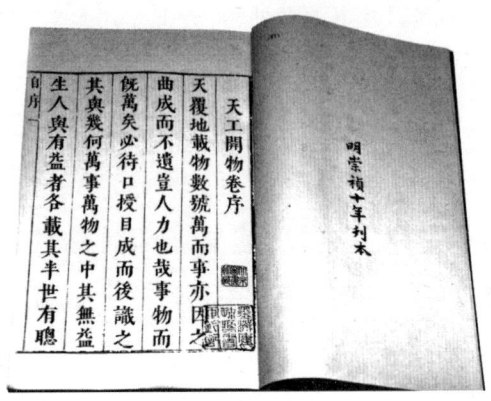

《天工开物》书影

"和"的技术观对于中国古代技术的创造和发展,形成具有东方特色的传统技术体系,起到了重要的作用。它所蕴含的古老智慧,在今天仍给予我们有益的启示。

参考文献

1. [东汉]许慎.说文解字.北京:中华书局,1963(影印本).

2. 中国科学院考古研究所.甲骨文编.北京:中华书局,1965.

3. 容庚.金文编.北京:中华书局,1985(影印本).

4. [清]阮元主持校刻.十三经注疏.北京:中华书局,1980.

5. [清]段玉裁.说文解字注.上海:上海古籍出版社,1982(影印本).

6. 温少峰,袁庭栋.殷墟卜辞研究——科学技术篇.成都:四川省社会科学院出版社,1983.

7. 宋兆麟,黎家芳,杜耀西.中国原始社会史.北京:文物出版社,1983.

8. 陈维稷.中国古代纺织科学技术史(古代部分).北京:科学出版社,1984.

9. 刘敦桢.中国古代建筑史(第二版).北京:中国建筑出版社,1984.

10. 茅以升. 中国古桥技术史. 北京:北京出版社,1986.

11. 高明. 中国古文字学通论. 北京:北京出版社,1987.

12. 陈炜湛. 汉字古今谈. 北京:语文出版社,1988.

13. 杨鸿勋. 建筑考古学论文集. 北京:文物出版社,1987.

14. 戴念祖. 中国力学史. 石家庄:河北教育出版社,1988.

15. 梁家勉. 中国农业科学技术史稿. 北京:农业出版社,1989.

16. 《汉语大字典》编辑委员会. 汉语大字典(第一卷~第六卷). 成都,武汉:四川辞书出版社,湖北辞书出版社,1986~1990.

17. 邹晓丽. 基础汉字形义释源. 北京:北京出版社,1990.

18. 后德俊. 楚国科学技术史稿. 武汉:湖北科学技术出版社,1990.

19. 陈文华. 中国古代农业科技史图谱. 北京:农业出版社,1991.

20. 汪子春,罗桂环,程宝绰. 中国古代生物学史略. 石家庄:河北科学技术出版社,1992.

21. 丘光明. 中国历代度量衡考. 北京:科学出版社,1992.

22. 王凤阳. 古辞辨. 长春:吉林文史出版社,1993.

23. 王宏源. 汉字字源入门. 北京:华语教学出版社,1993.

24. 李文杰. 中国古代制陶工艺研究. 北京:科学出版社,1996.

25. 马海江. 新说文解字. 长春:东北师范大学出版社,1997.

26. 张书岩,王铁昆,李春梅,等. 简化字溯源. 北京:语文出版社,1997.

27. 华觉明. 中国古代金属技术. 郑州:大象出版社,1999.

28. 朱世力. 中国古代文房用具. 上海：上海文化出版社，1999.

29. 李政道. 科学与艺术. 上海：上海科学技术出版社，2000.

30. 谭维四. 曾侯乙墓. 北京：文物出版社，2001.

31. 朱启新. 说文谈物. 上海：上海书店出版社，2002.

32. 刘永华. 中国古代车舆马具. 上海：上海辞书出版社，2002.

33. 马承源. 中国青铜器（修订本）. 上海：上海古籍出版社，2003.

34. ［美］鲁道夫·霍梅尔. 手艺中国——中国手工业调查图录（1921—1930）. 戴吾三，等，译. 北京：北京理工大学出版社，2012.

图片来源

P5、P10、P14、P21、P29、P69、P71、P89、P93（1）（3）、P94、P118、P120、P142、P150、P250、P288：壹图网

P9、P75、P76、P109、P111、P274：张存浩、陈竺主编，《彩图科技百科全书》，上海科学技术出版社，上海科技教育出版社，2005年

P17：吉林省农业科学院

P20：毛利梅园绘

P28、P45、P47、P51、P53、P56、P61、P77、P79、P83、P85、P92、P93（2）、P96、P97、P103、P113上、P134、P143、P152、P153、P158、P172、P174、P180、P183、P203、P210、P213、P218、P239、P251：视觉中国

P49：中国农业博物馆

P60：林韵如摄

P67、P68、P194、P195：杨鸿勋，《建筑考古学论文集》，文物出版社，

1987年

  P72:宋兆麟等,《中国原始社会史》,文物出版社,1983年

  P80下,P192下:《中国古代科技文物展》编辑委员会编,《中国古代科技文物展》,朝华出版社,1997年

  P84:李文杰,《中国古代制陶工艺研究》,科学出版社,1996年

  P121,P124,P205:戴吾三摄

  P125,P130:刘永华,《中国古代车舆马具》,上海辞书出版社,2002年

  P187:华觉明,《中国古代金属技术》,大象出版社,1999年

  P270:鲁晓波绘

图书在版编目(CIP)数据

汉字里的中华科技/戴吾三著.—上海:上海科技教育出版社,2022.6(2023.10重印)
ISBN 978-7-5428-7635-5

Ⅰ.①汉… Ⅱ.①戴… Ⅲ.①汉字—通俗读物 ②自然科学史—中国—通俗读物 Ⅳ.①H12-49 ②N092-49

中国版本图书馆CIP数据核字(2021)第252032号

责任编辑　殷晓岚
装帧设计　杨　静

HANZI LI DE ZHONGHUA KEJI
汉字里的中华科技
戴吾三　著

出版发行		上海科技教育出版社有限公司
		(上海市闵行区号景路159弄A座8楼　邮政编码201101)
网	址	www.sste.com　www.ewen.co
经	销	各地新华书店
印	刷	贵阳新翰印务有限公司
开	本	890×1240　1/32
印	张	9.5
版	次	2022年6月第1版
印	次	2023年10月第6次印刷
书	号	ISBN 978-7-5428-7635-5/N·1145
定	价	52.00元